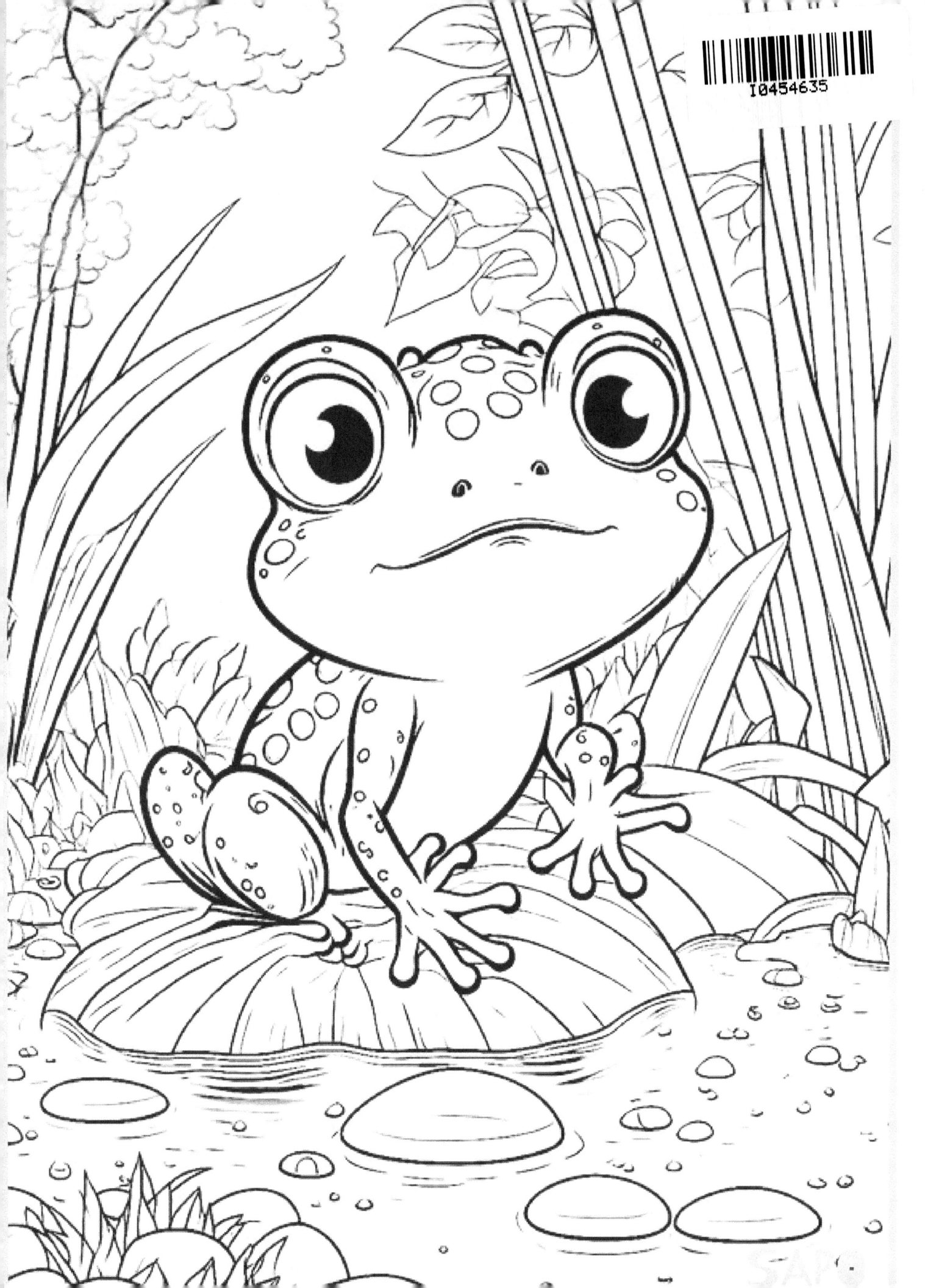

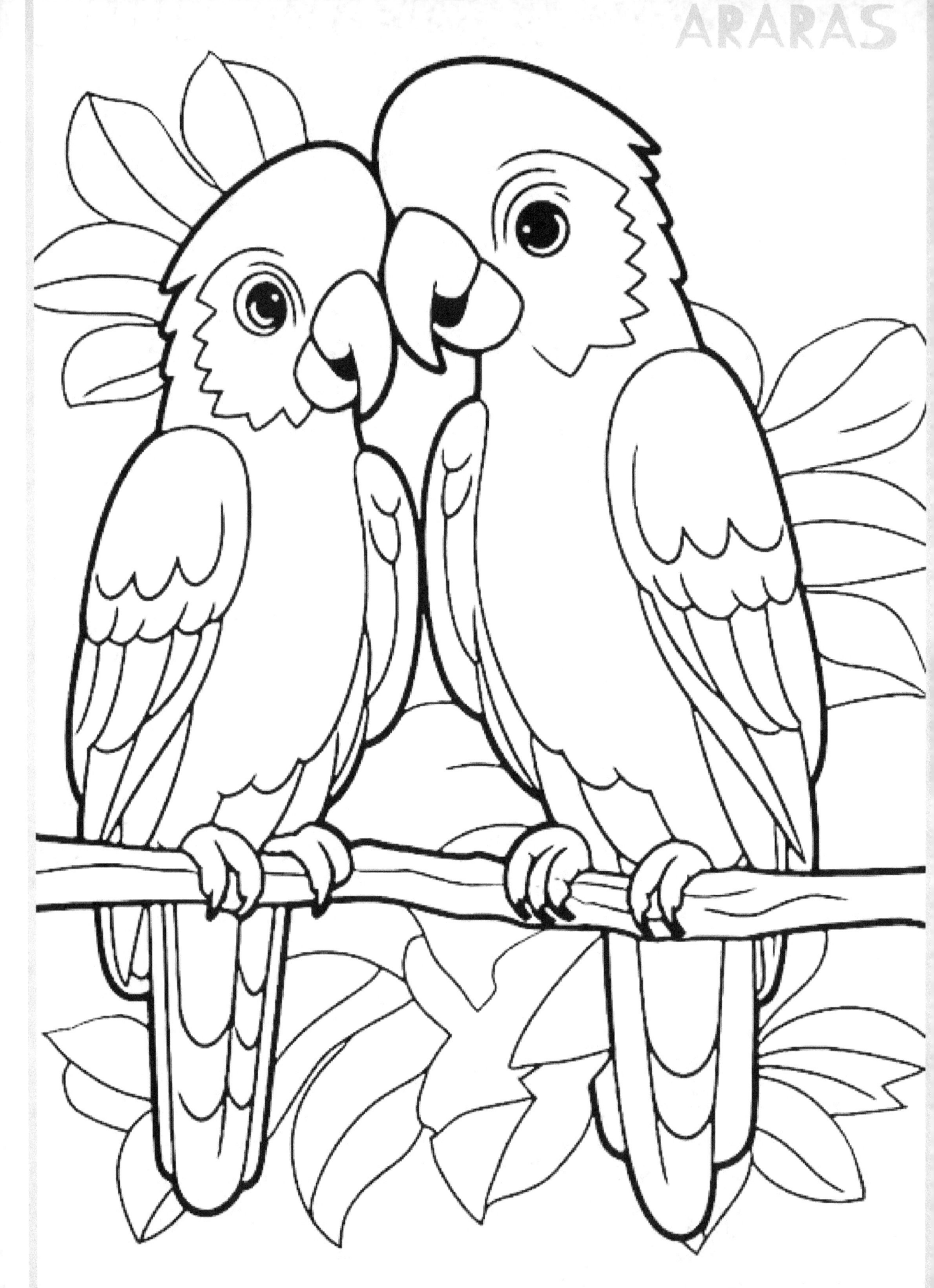

ARARAS

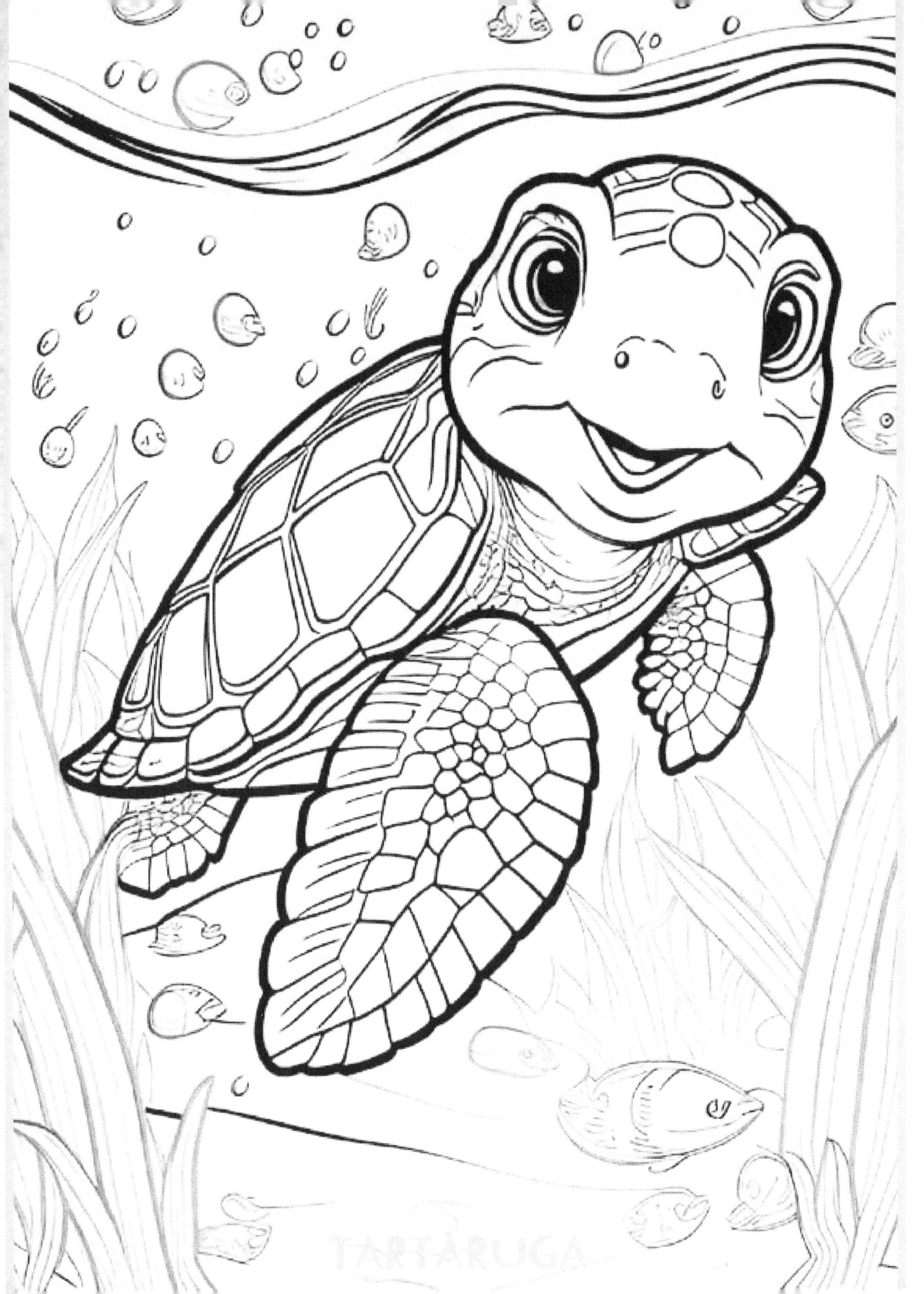

TARTARUGA

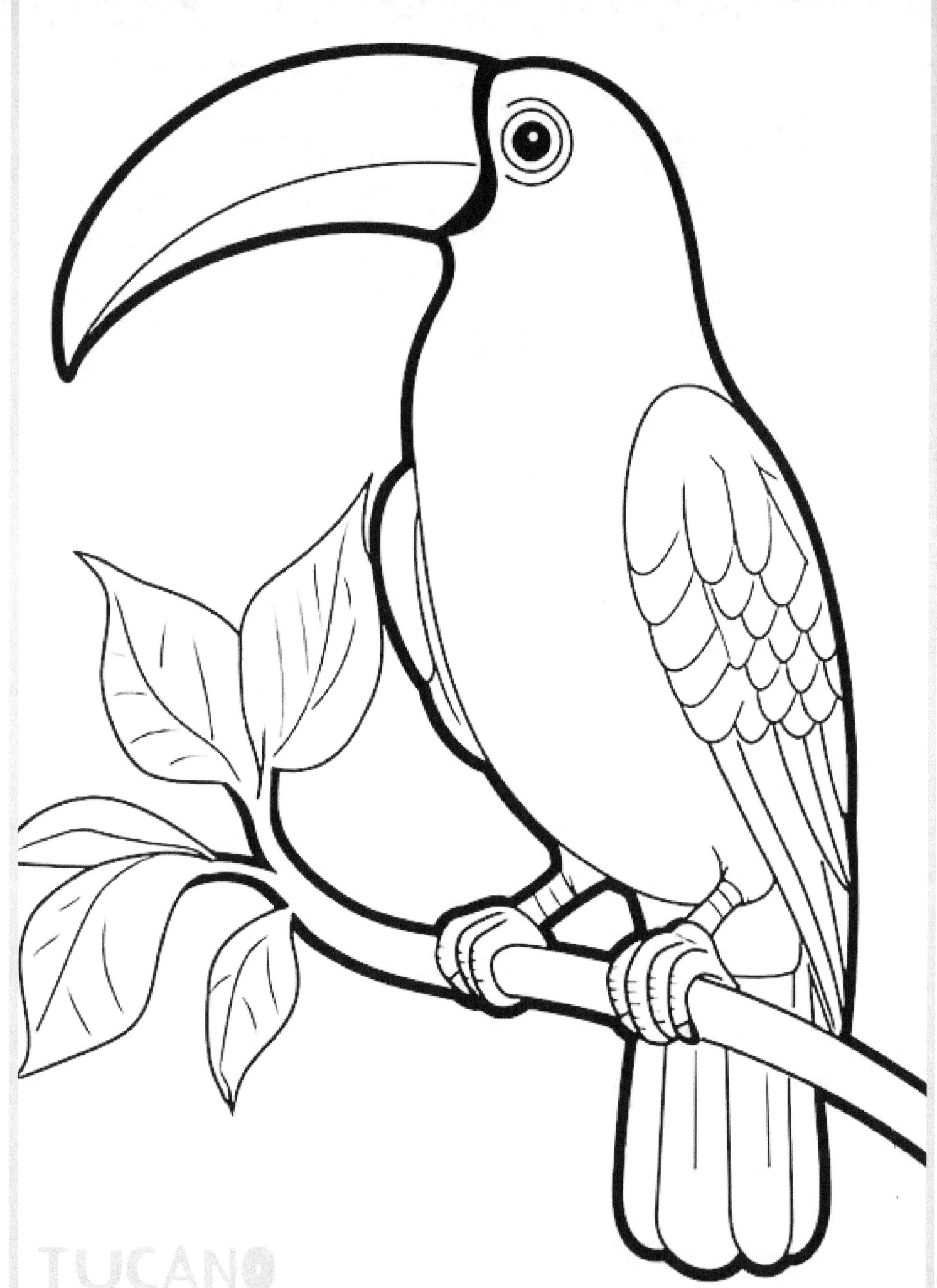

TUCANO

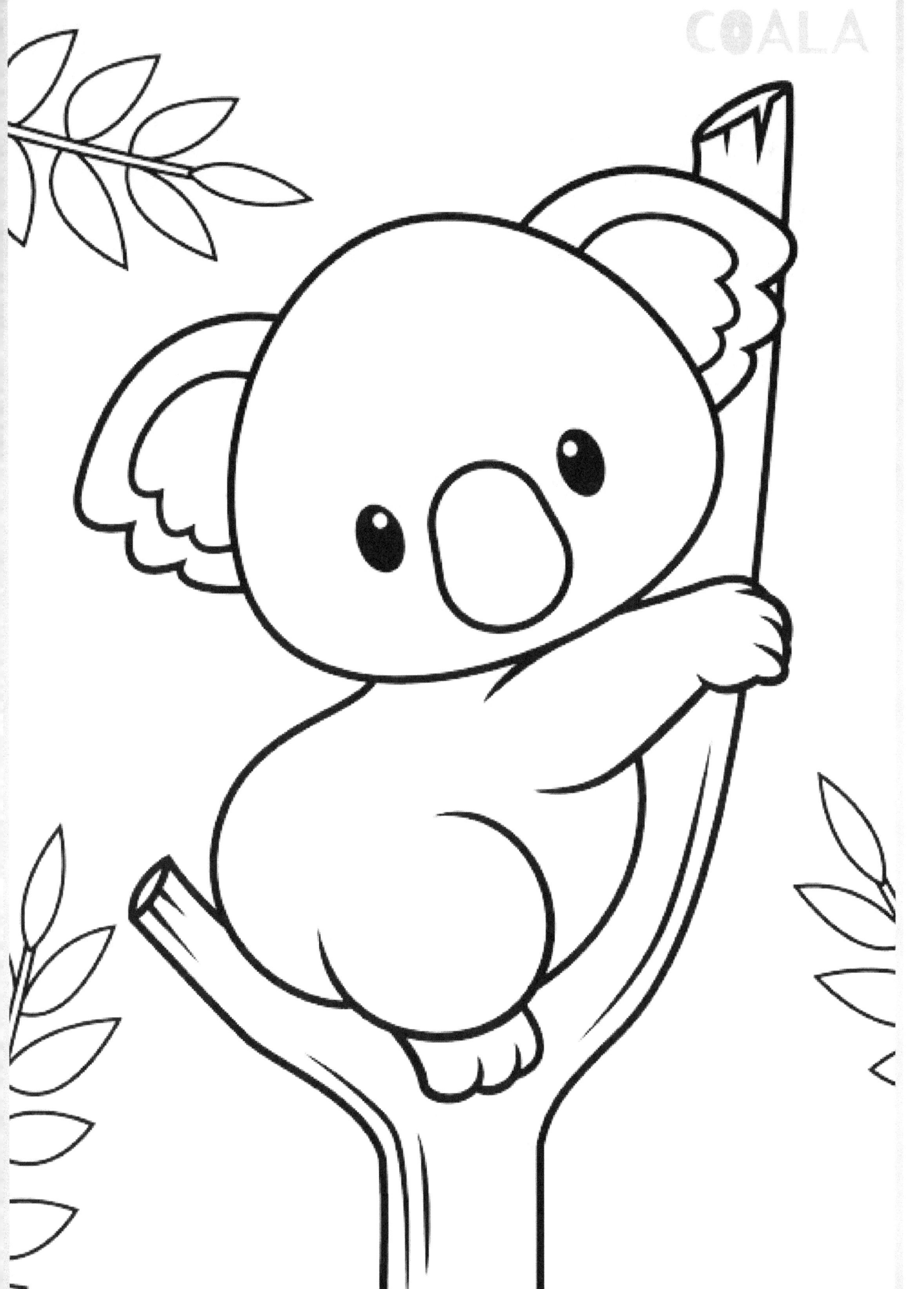

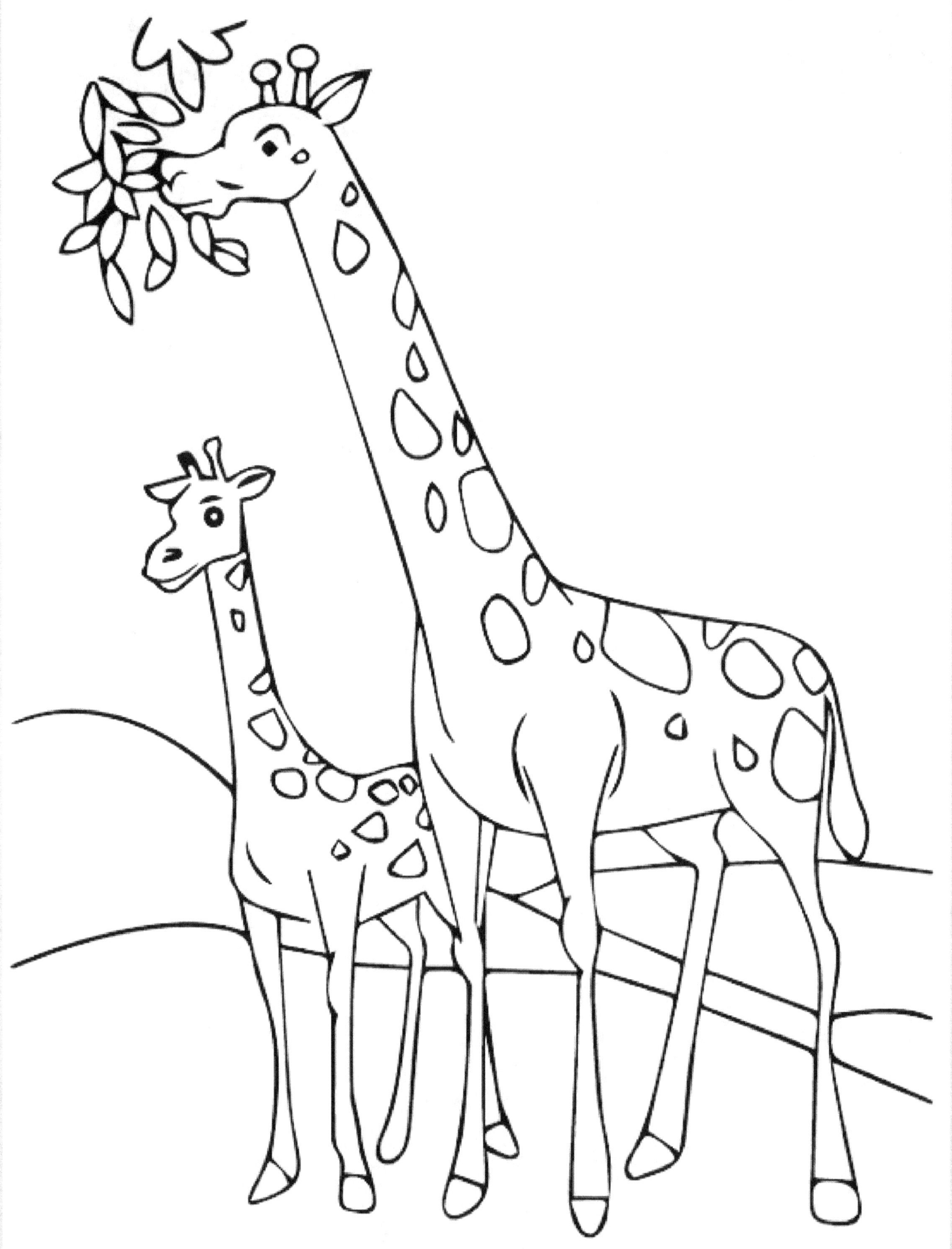

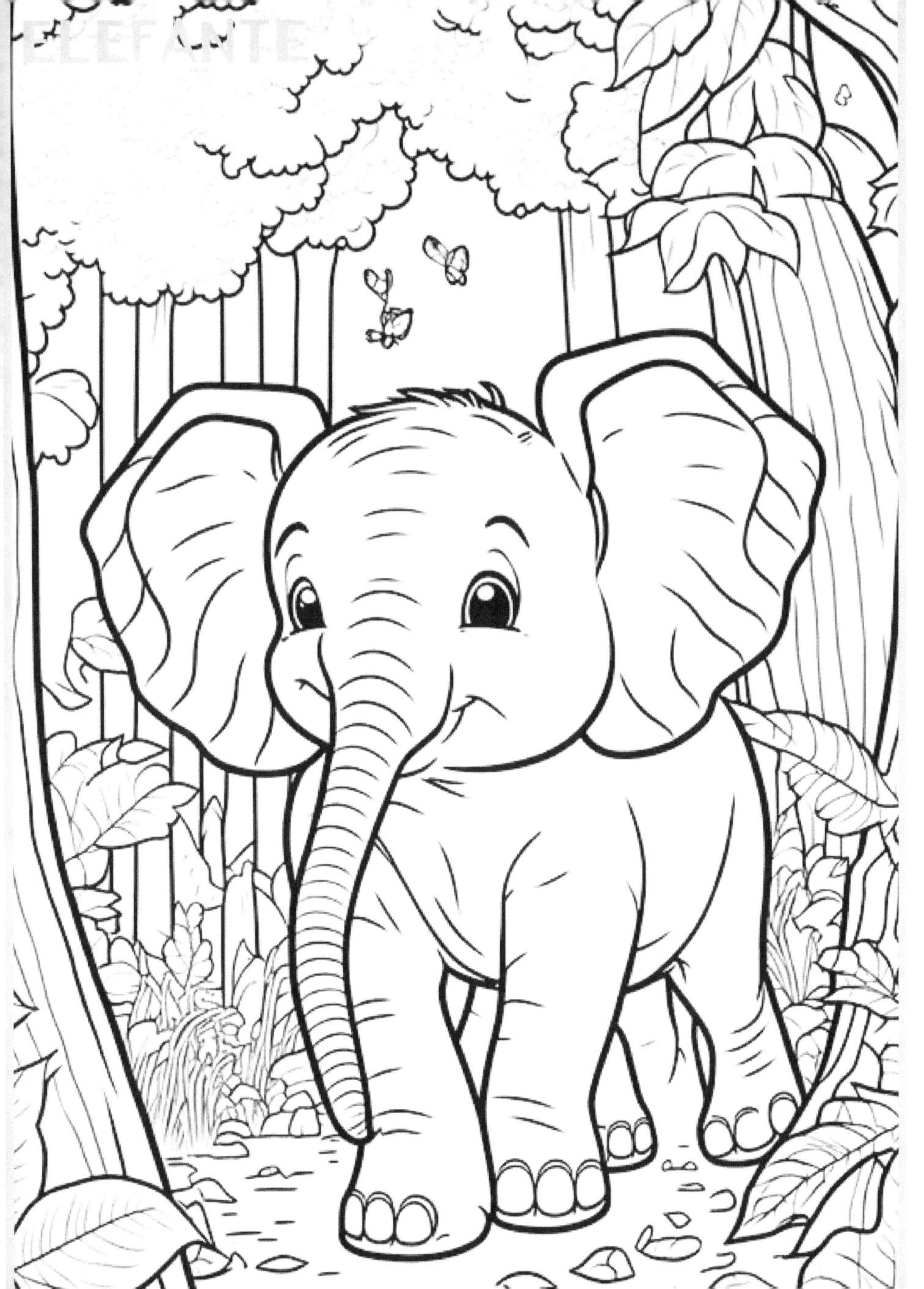

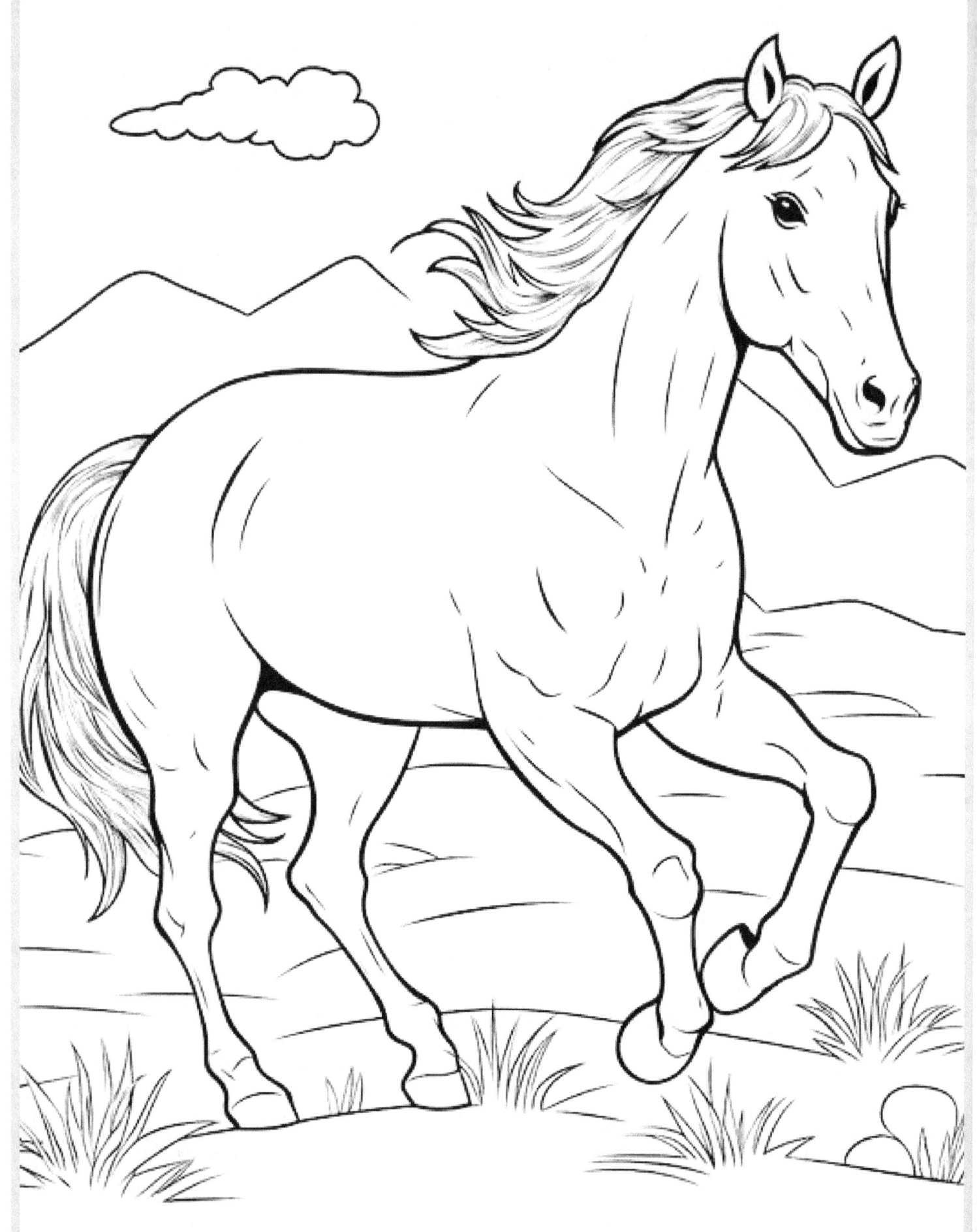

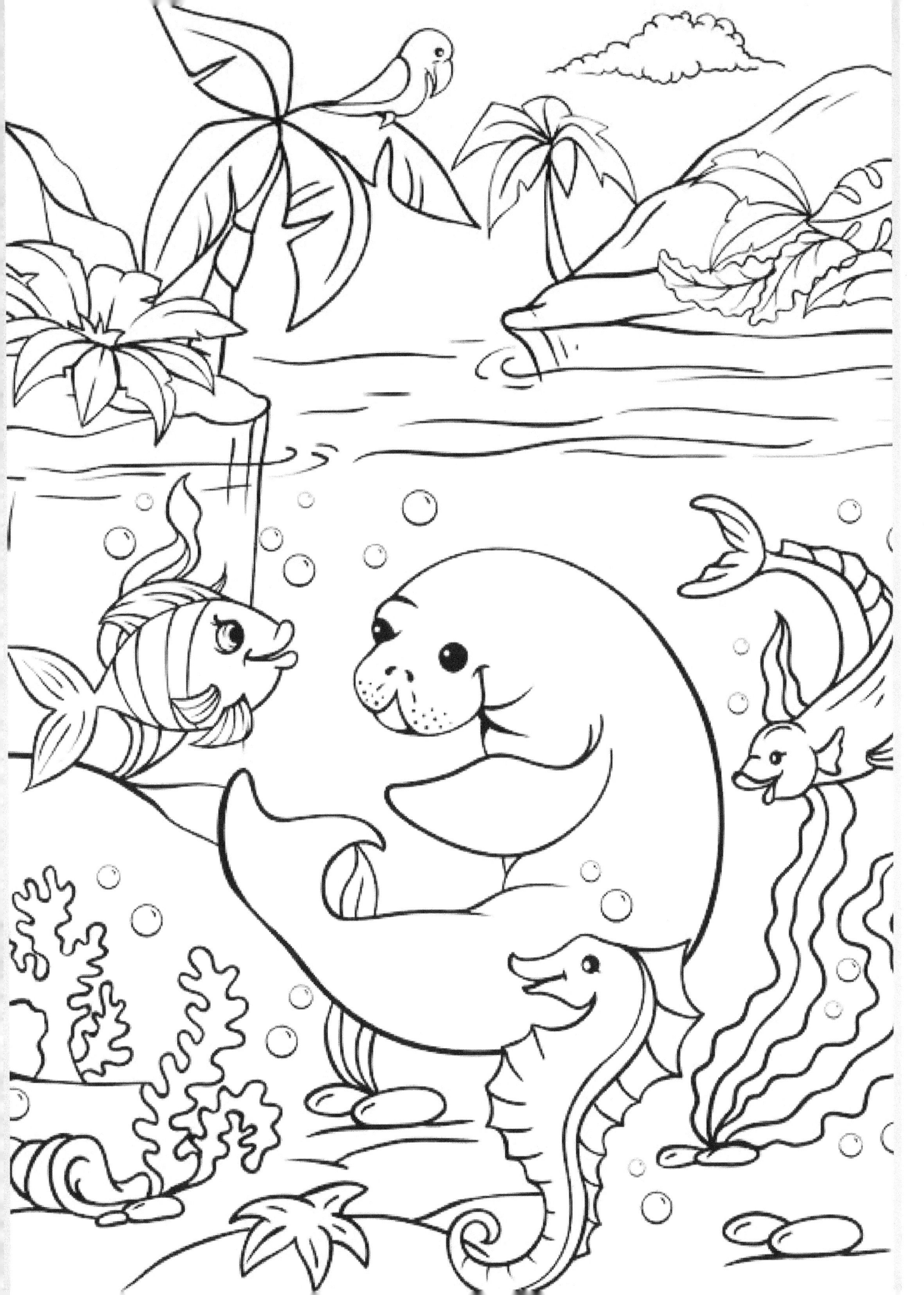

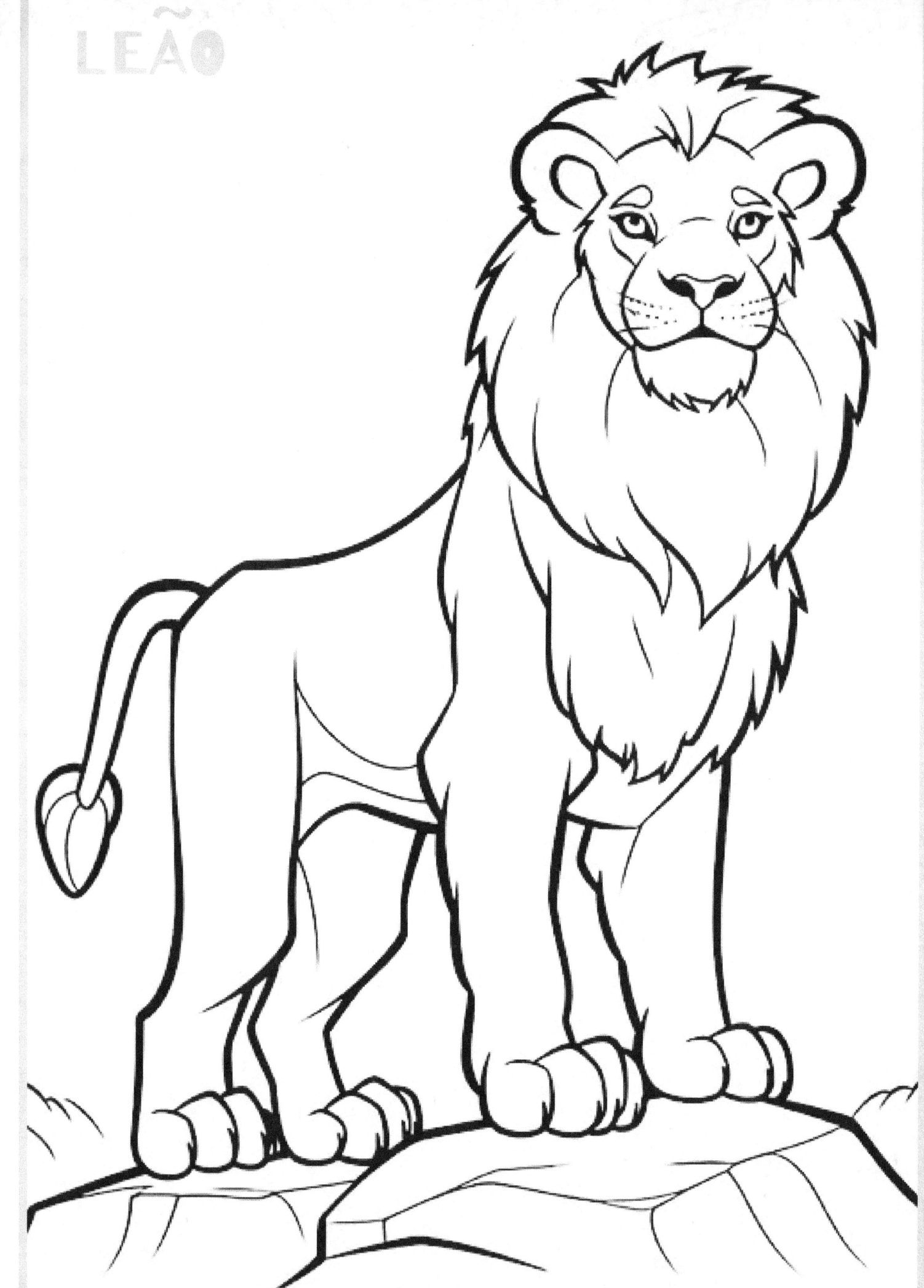

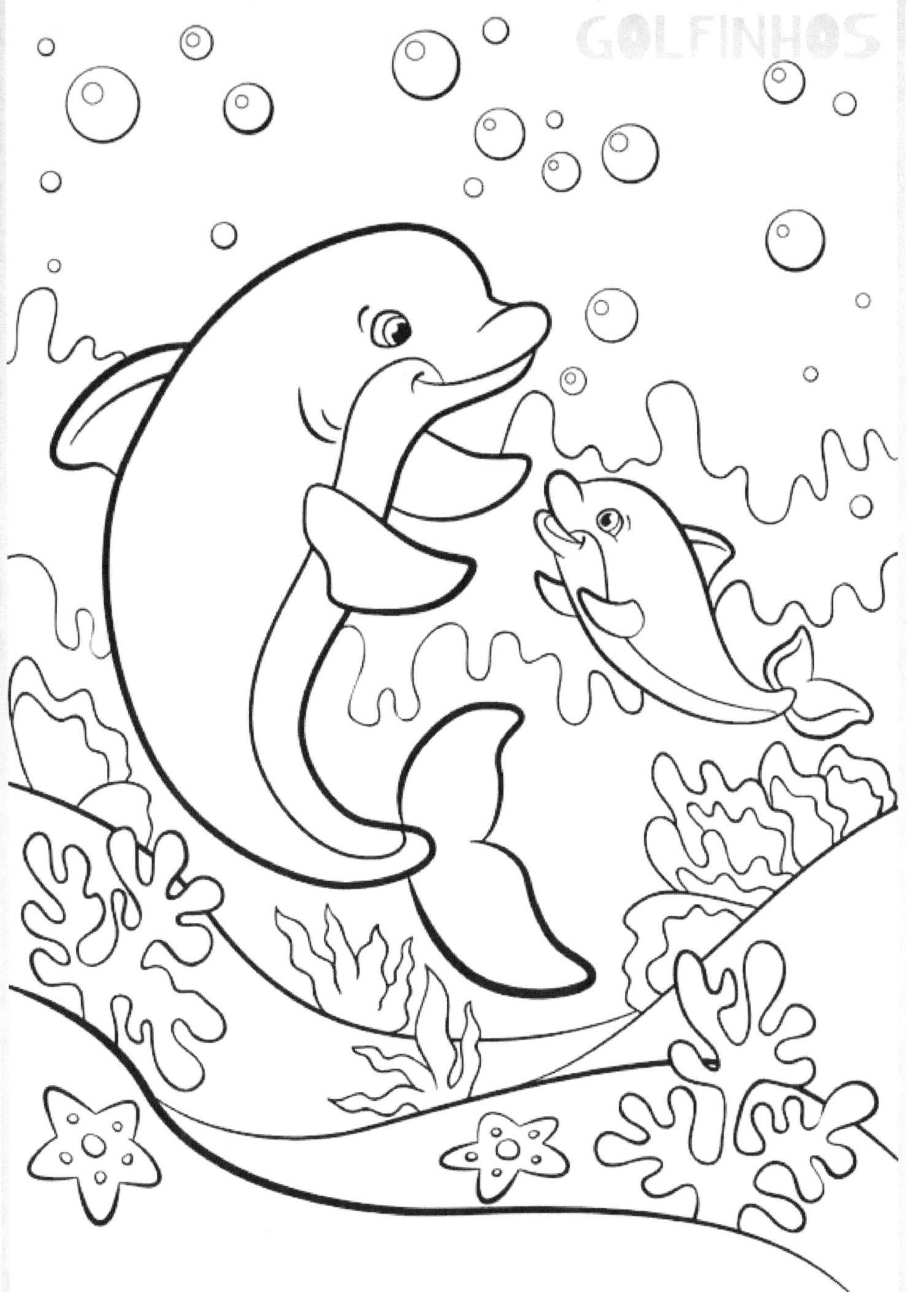

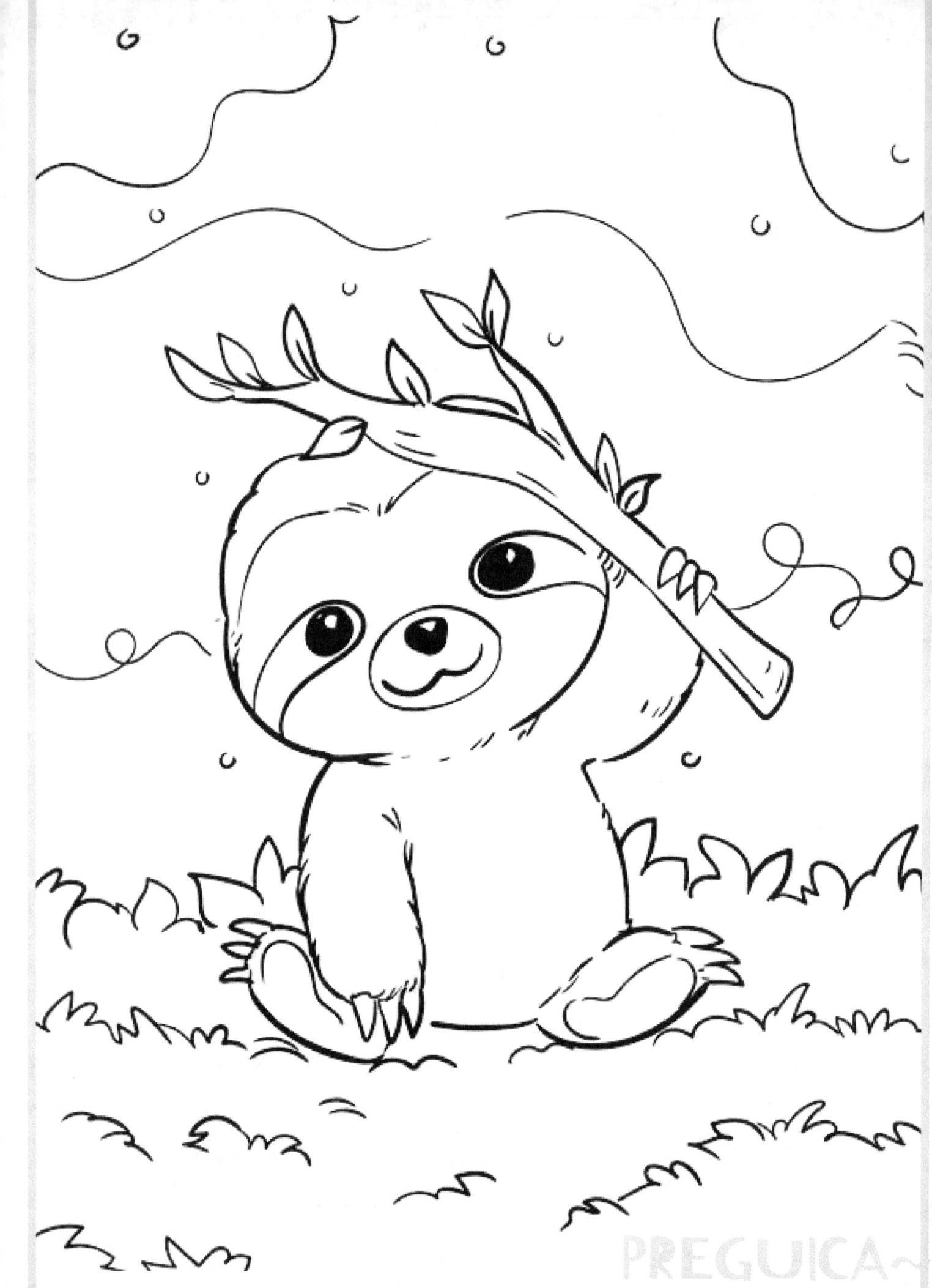

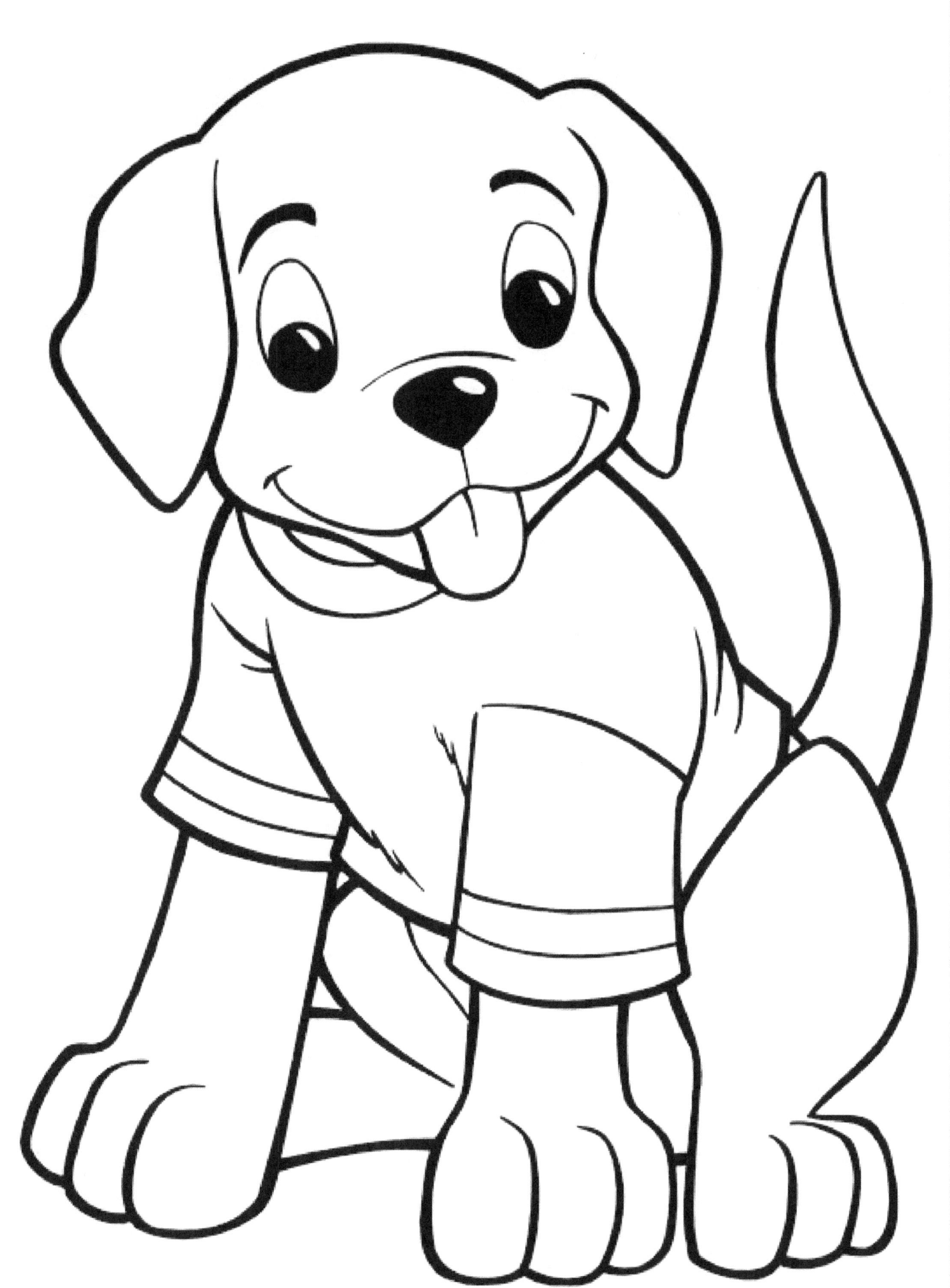

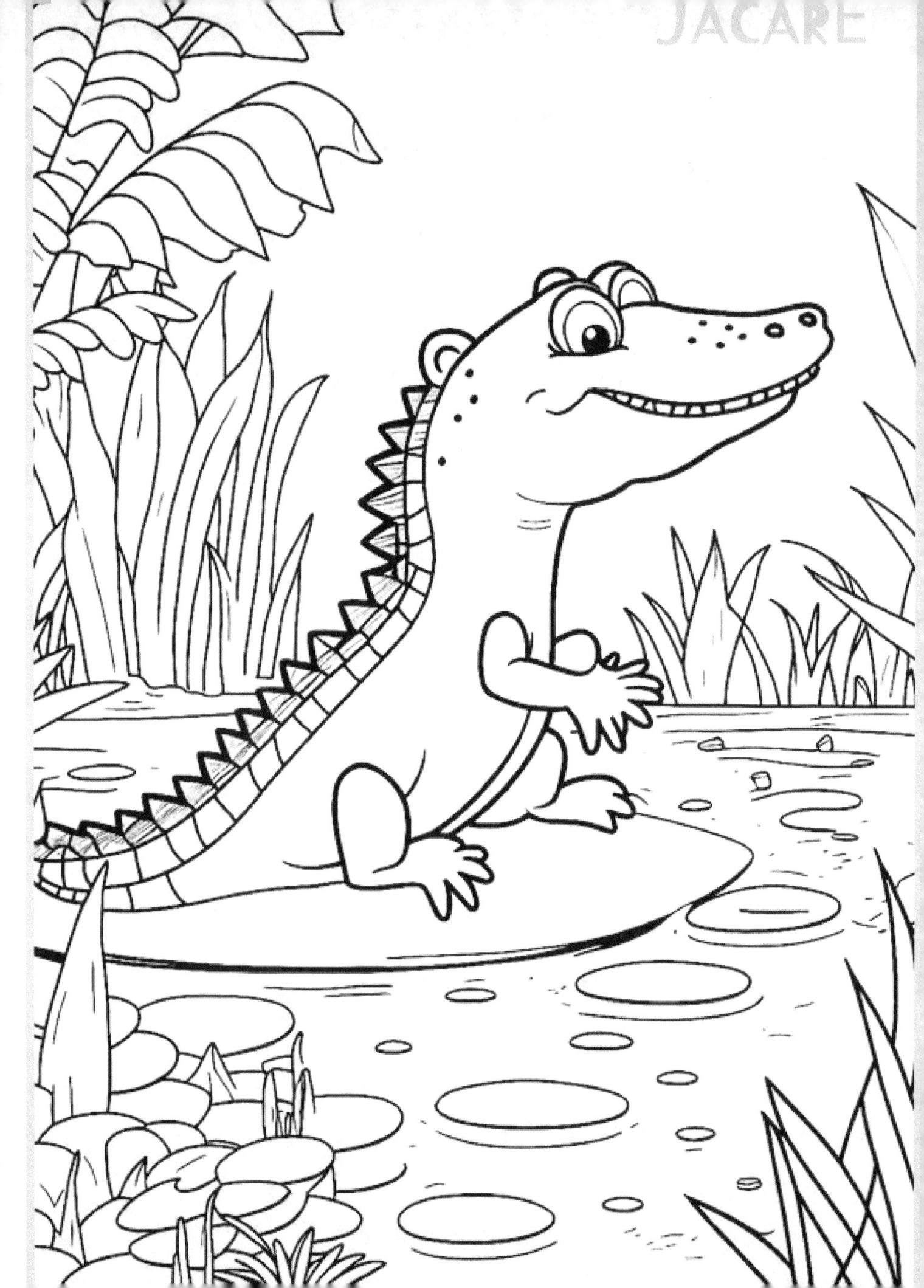

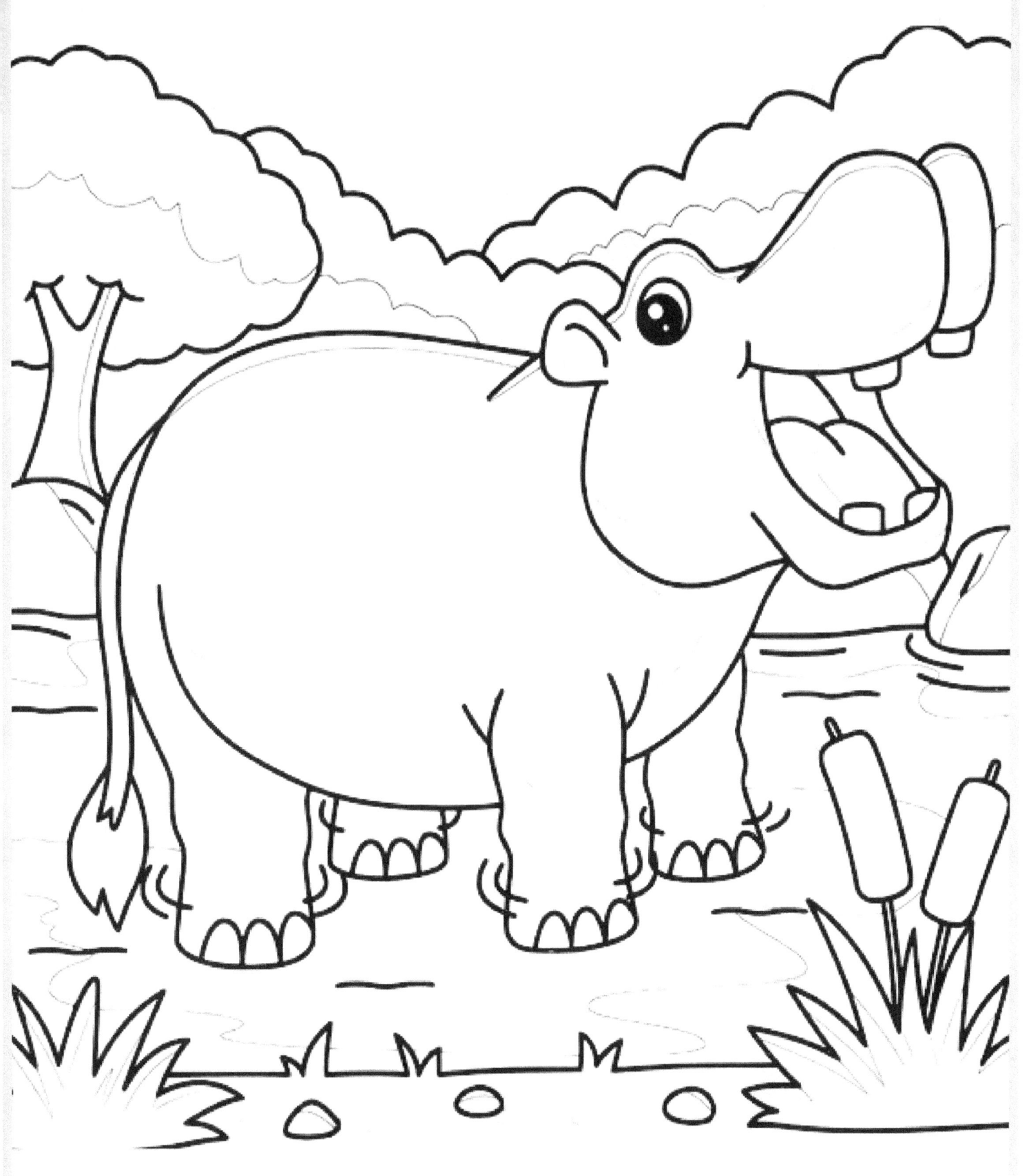

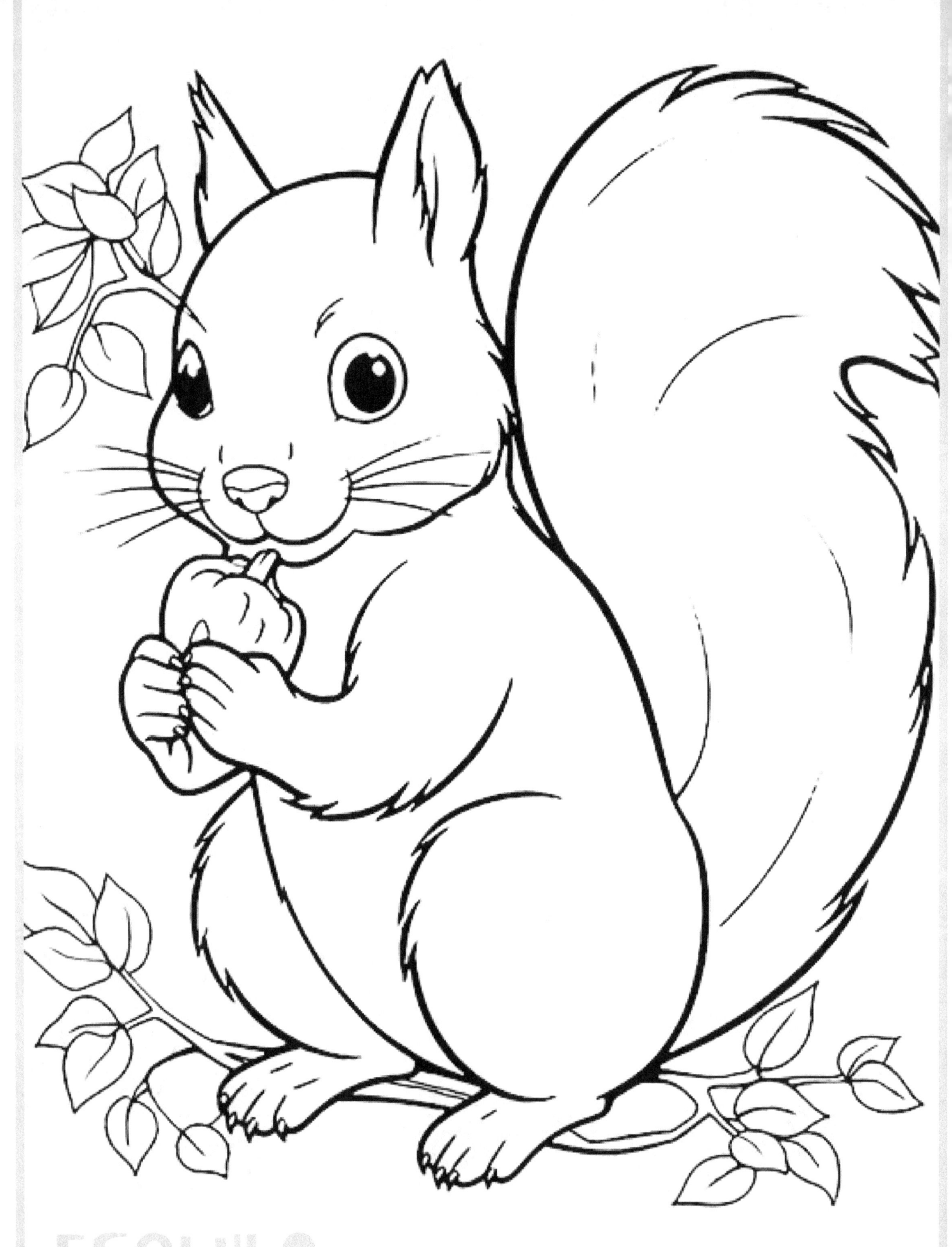

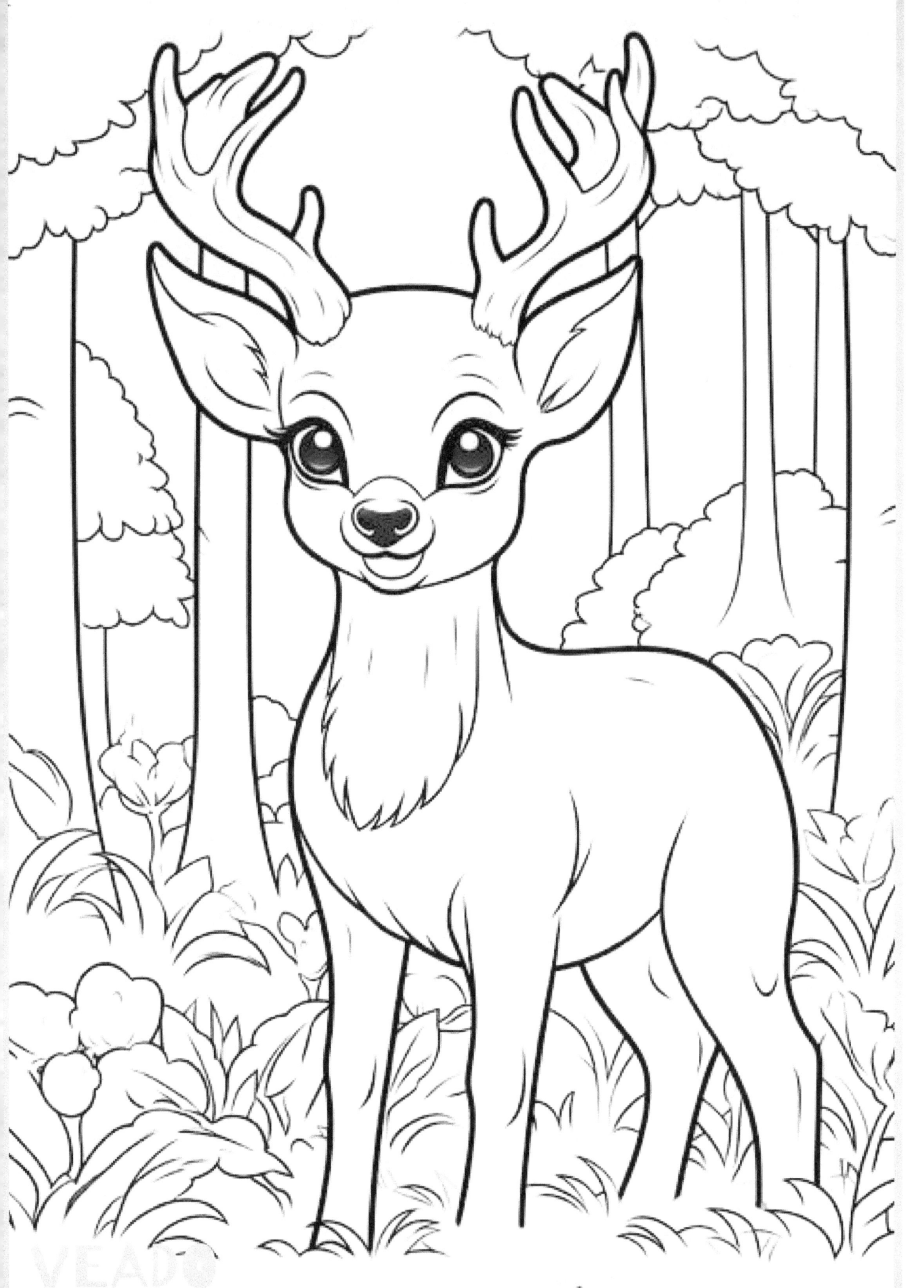

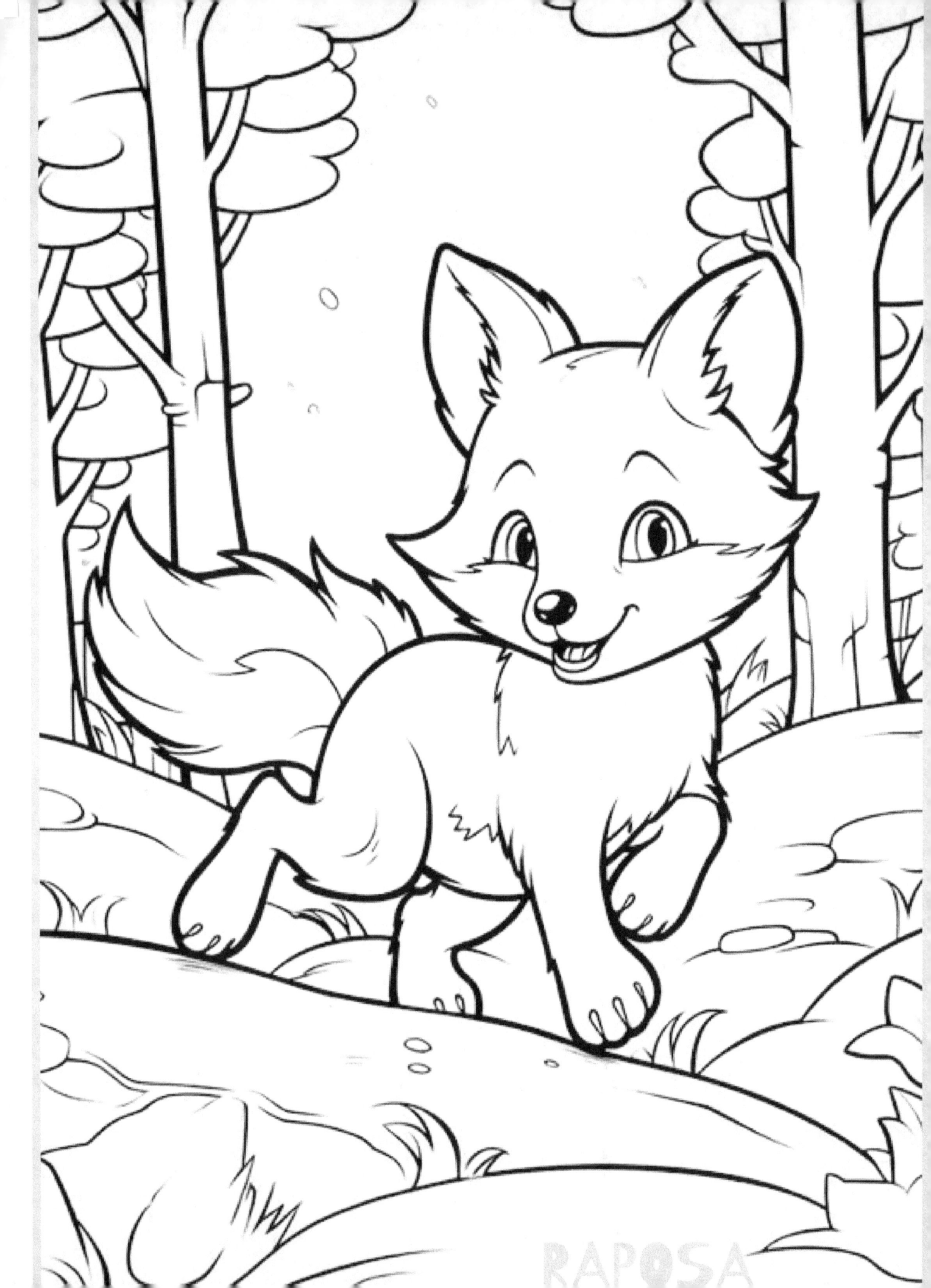

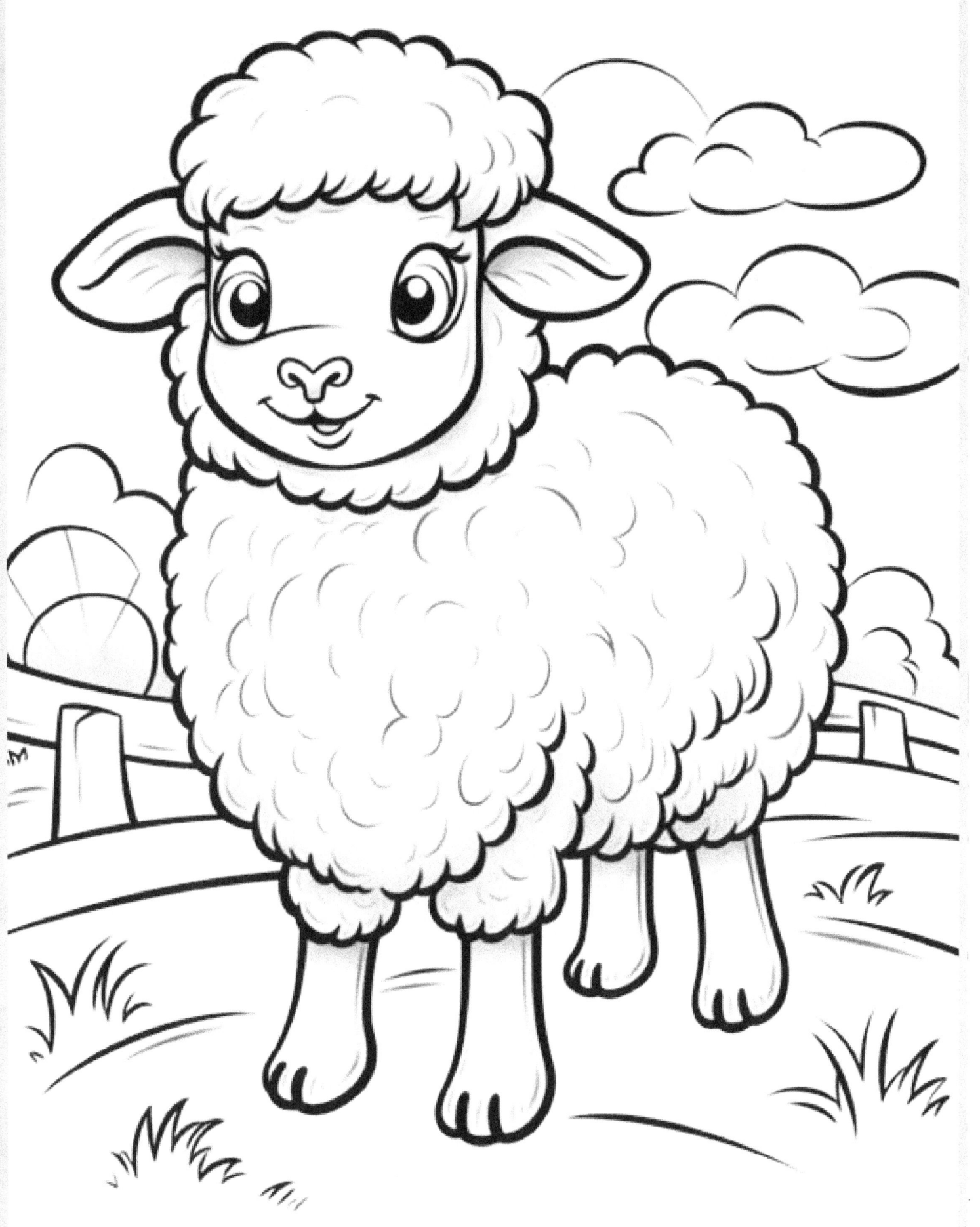
OVELHA

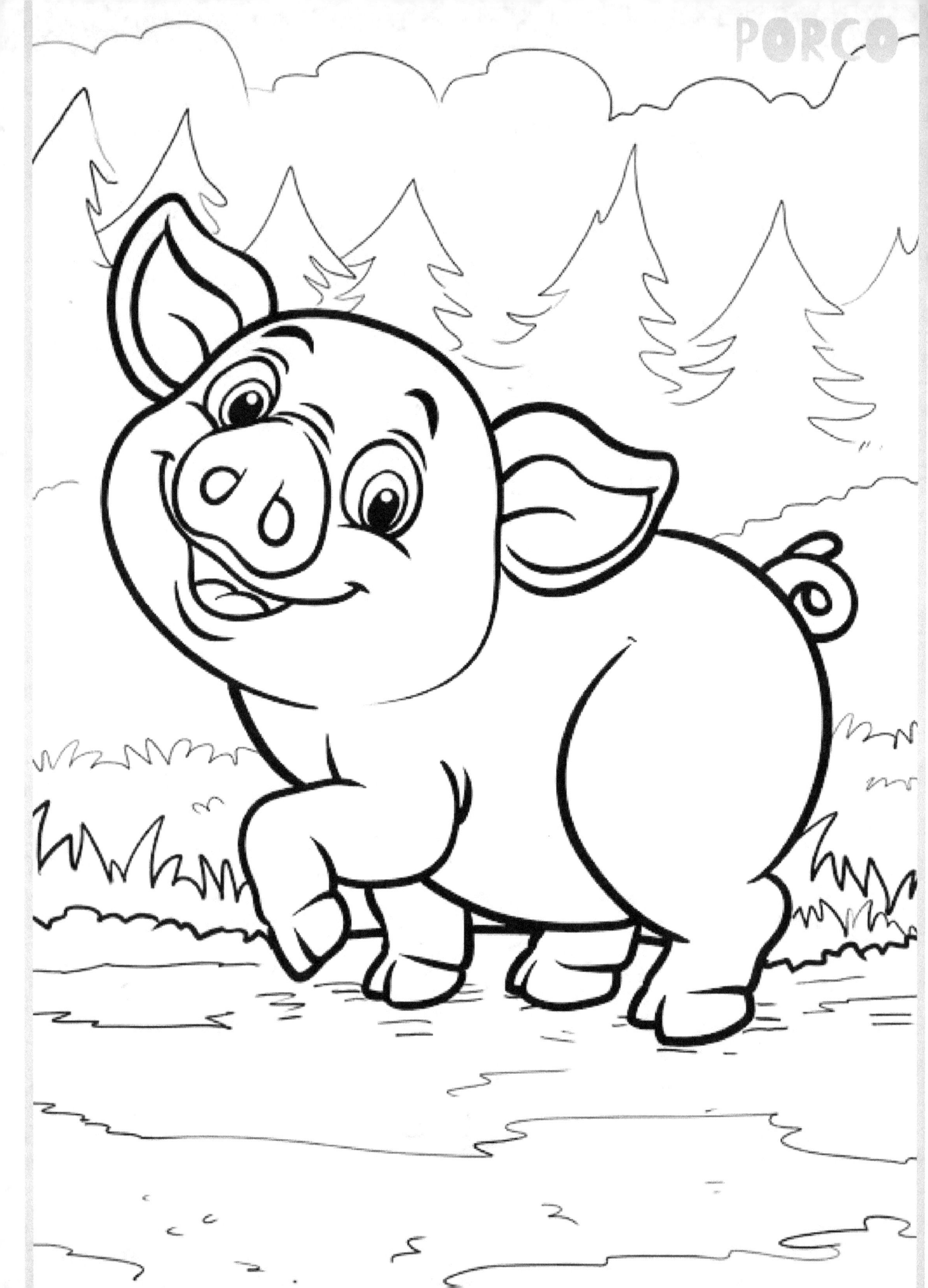

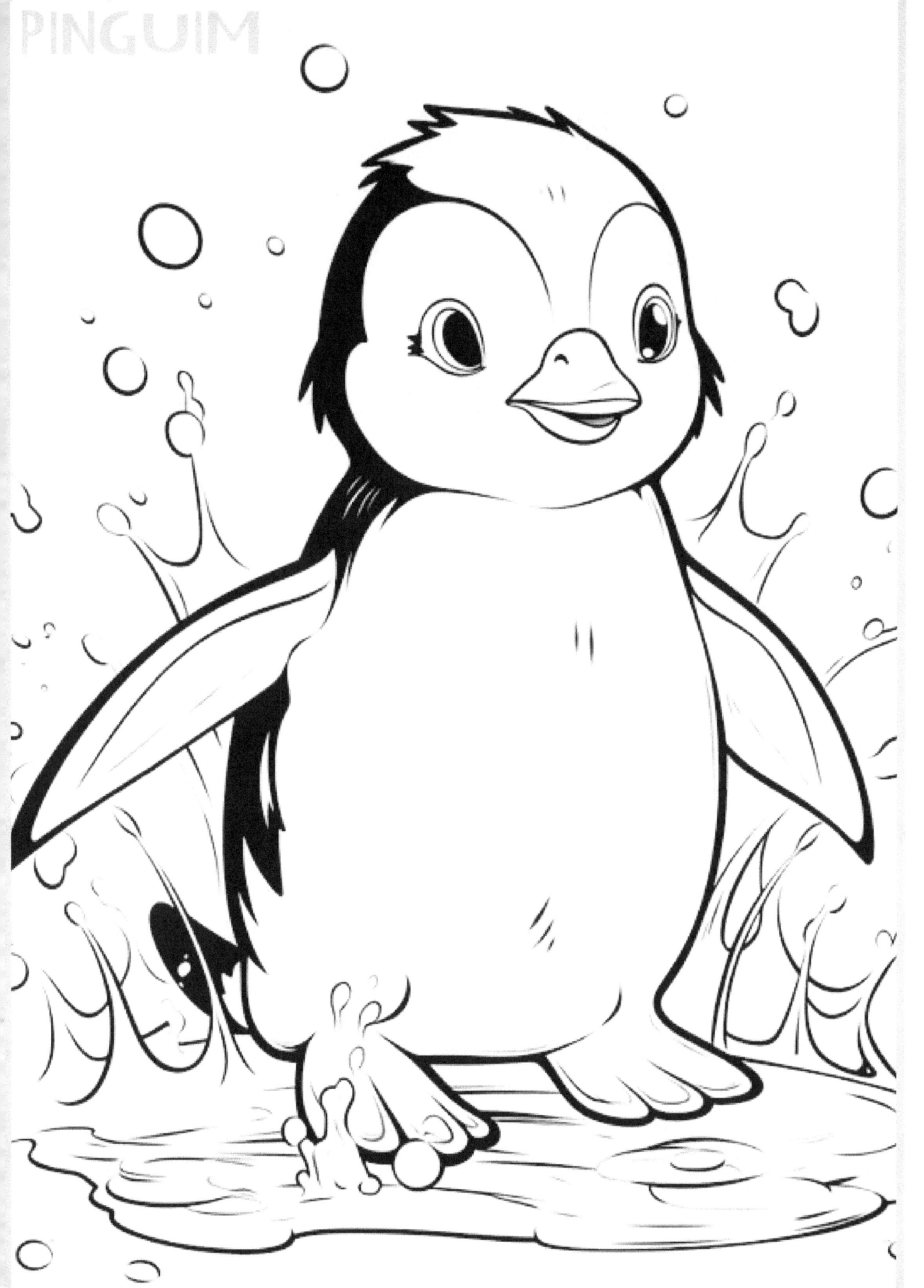

PINGUIM

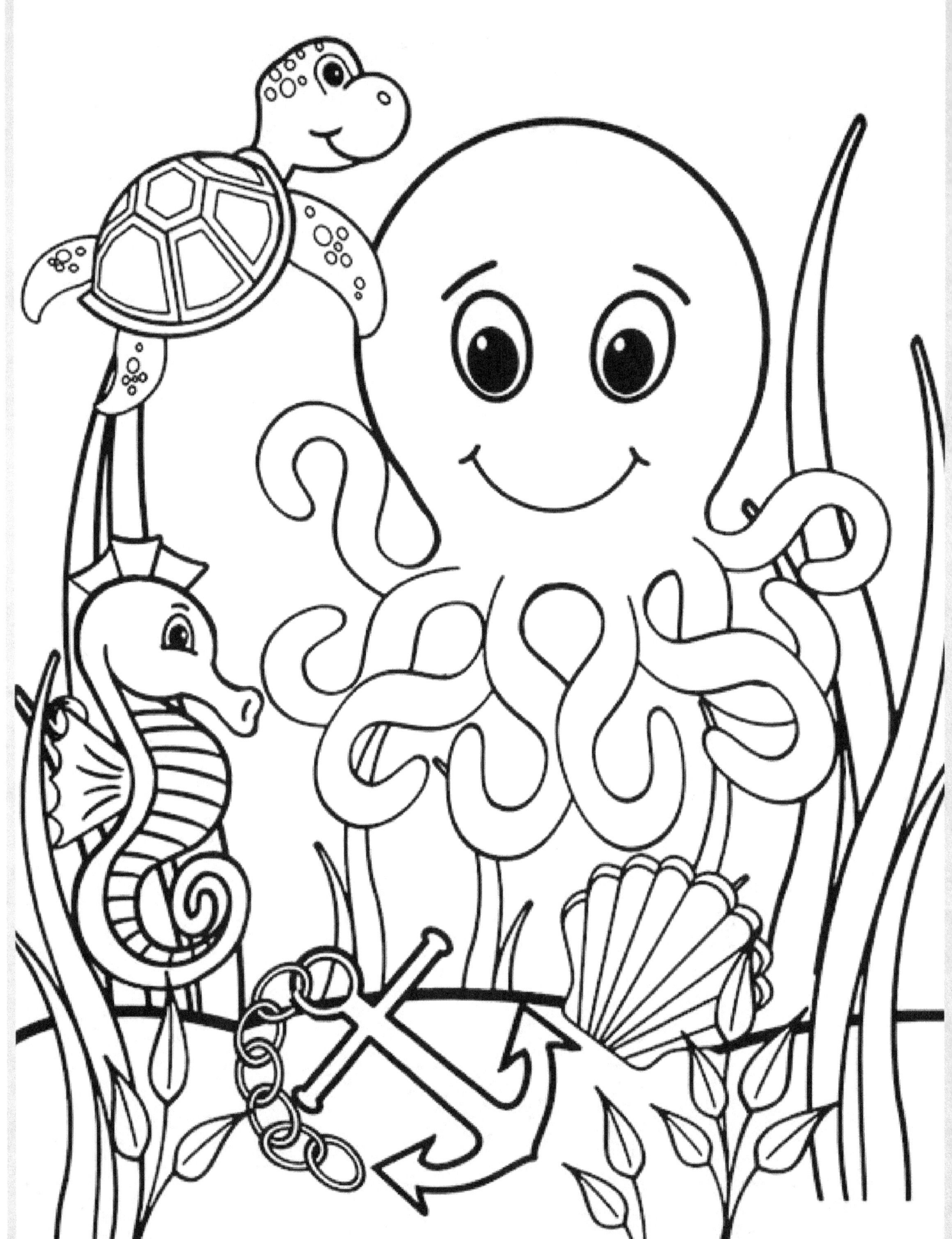

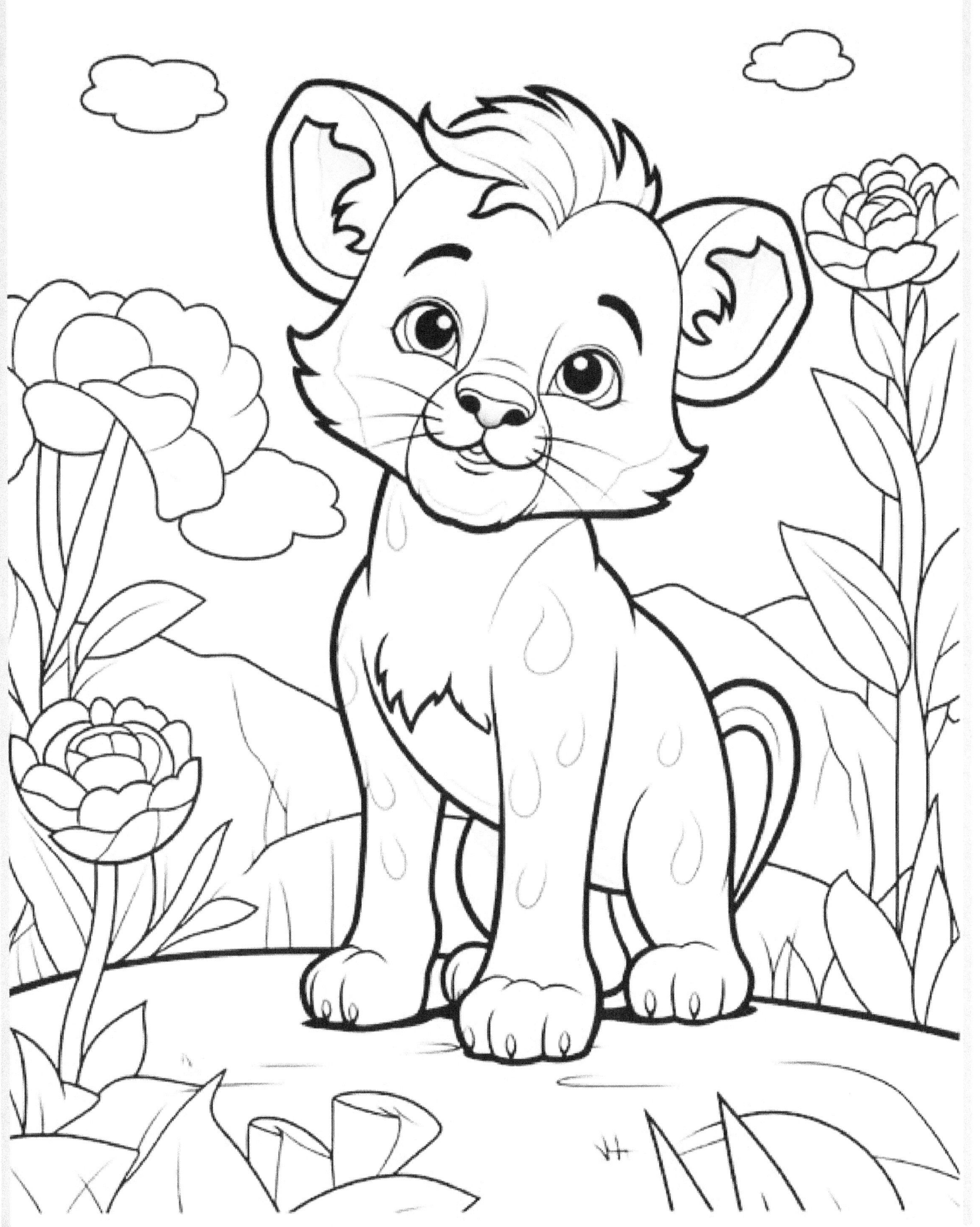

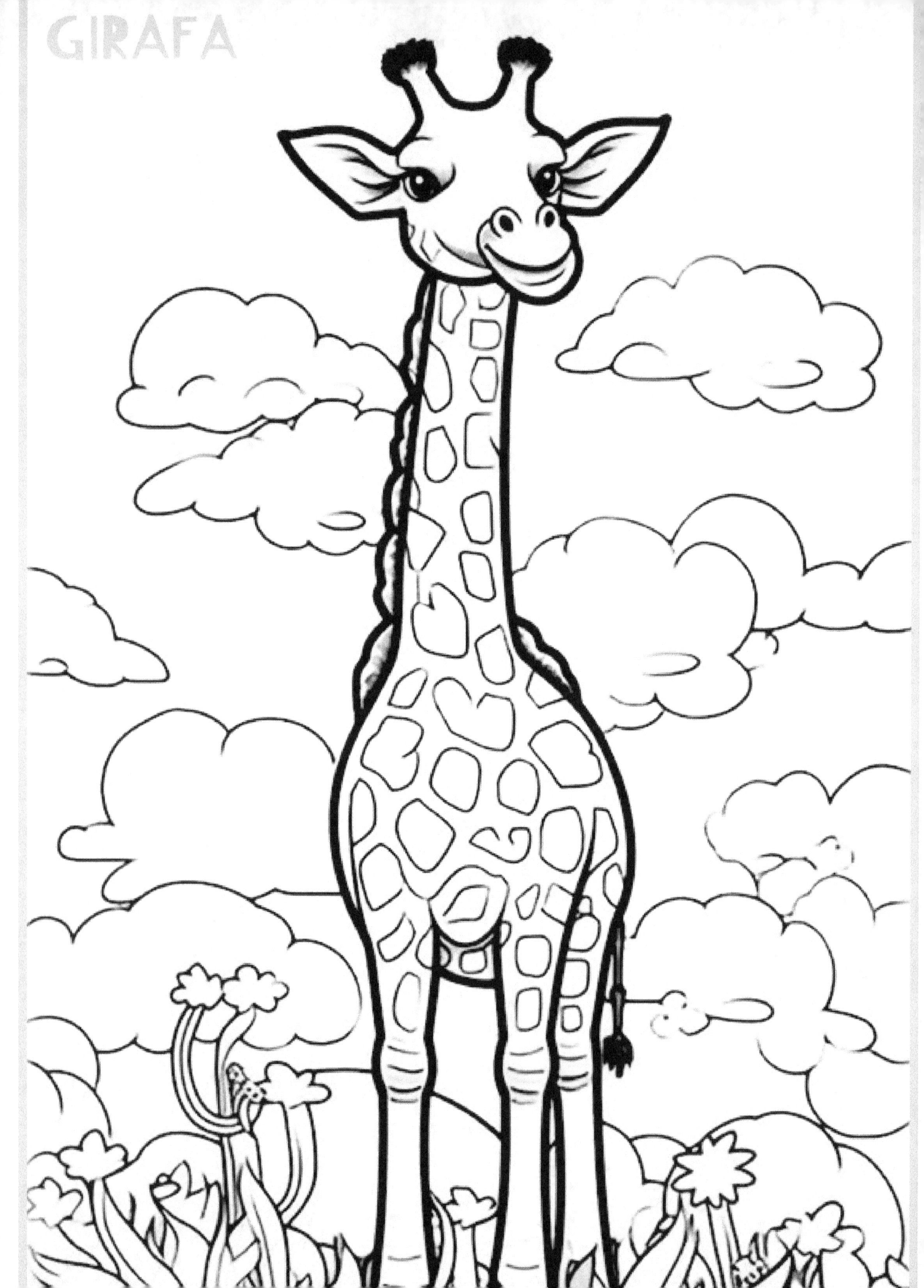

GIRAFA

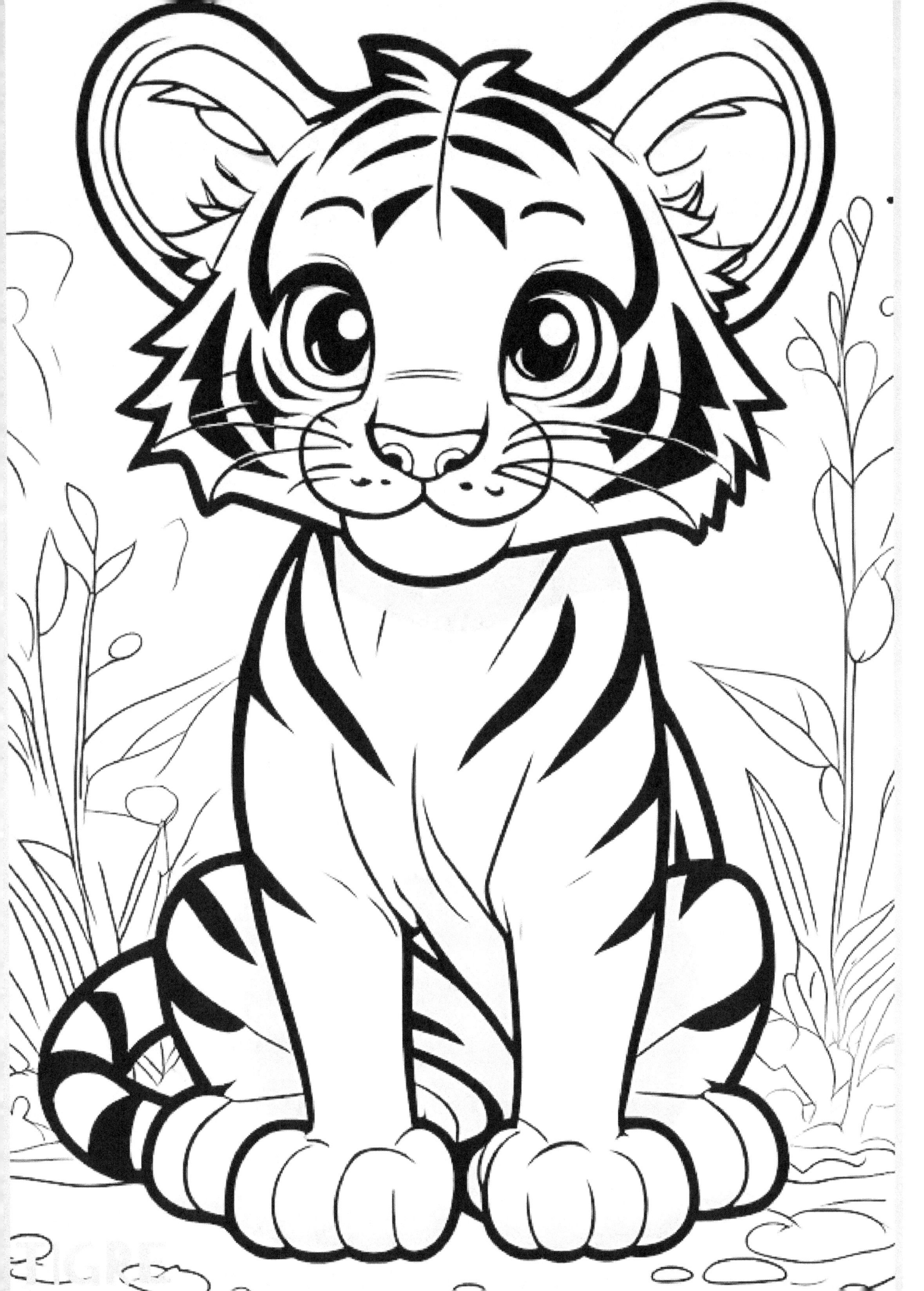

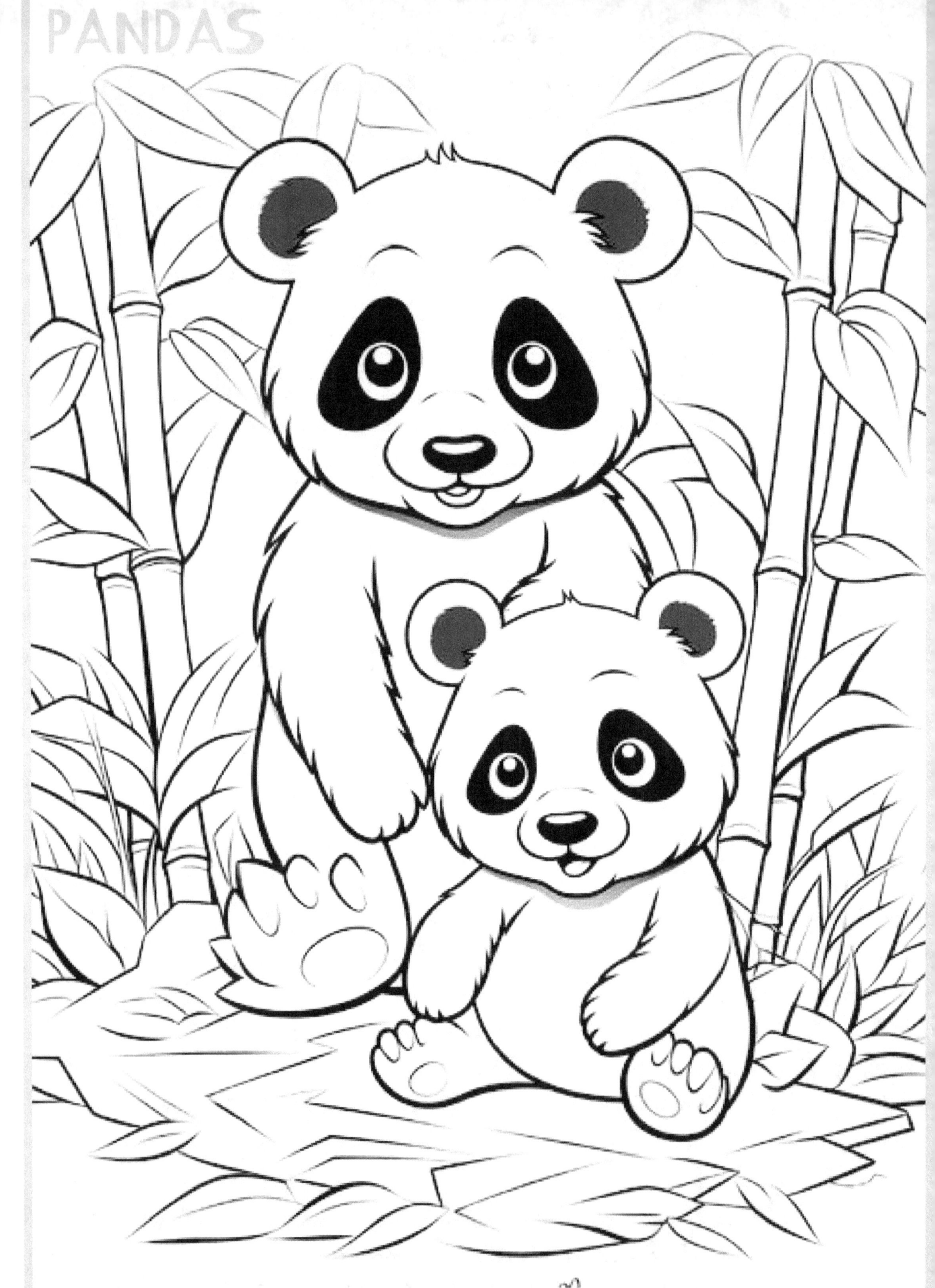

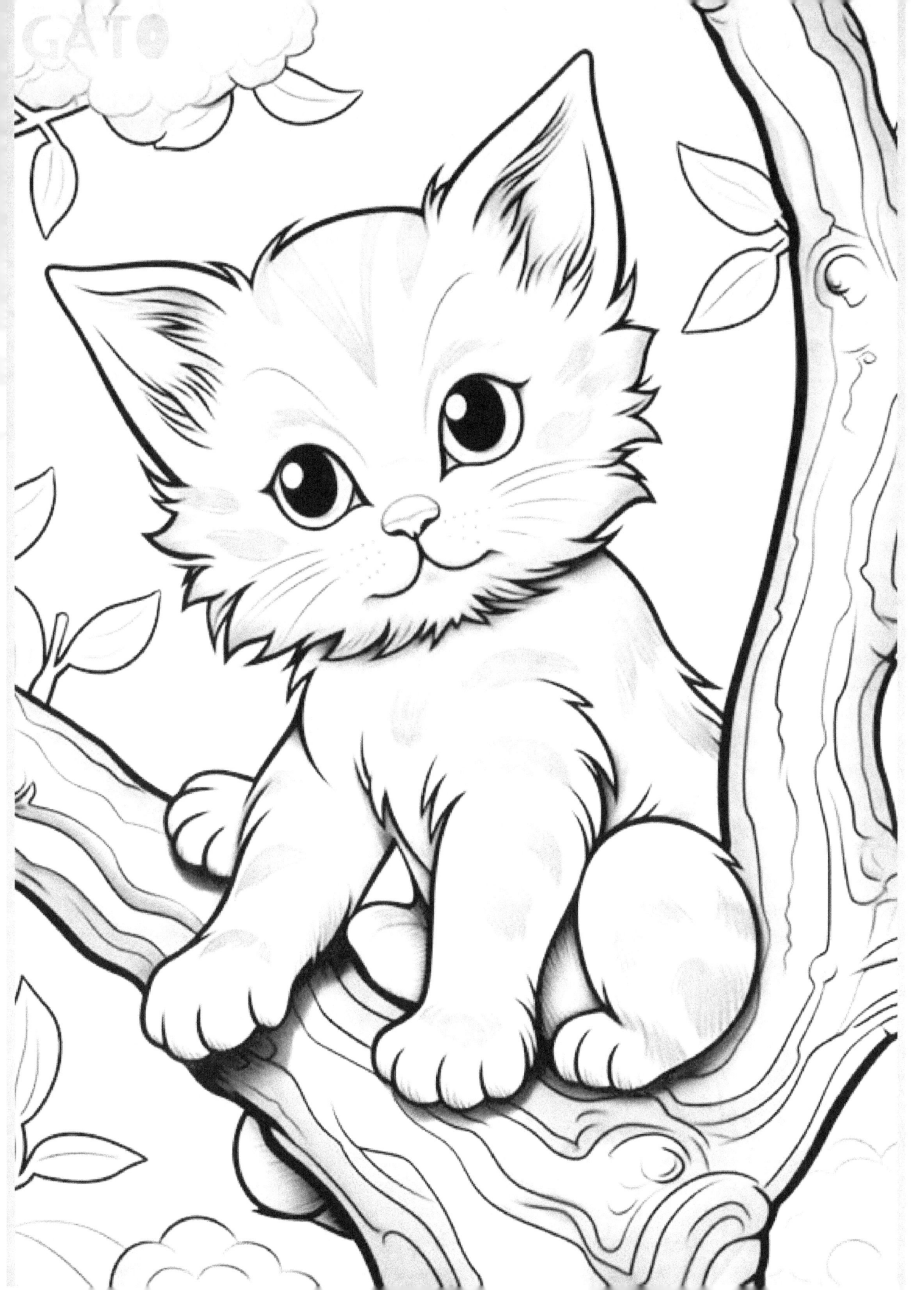

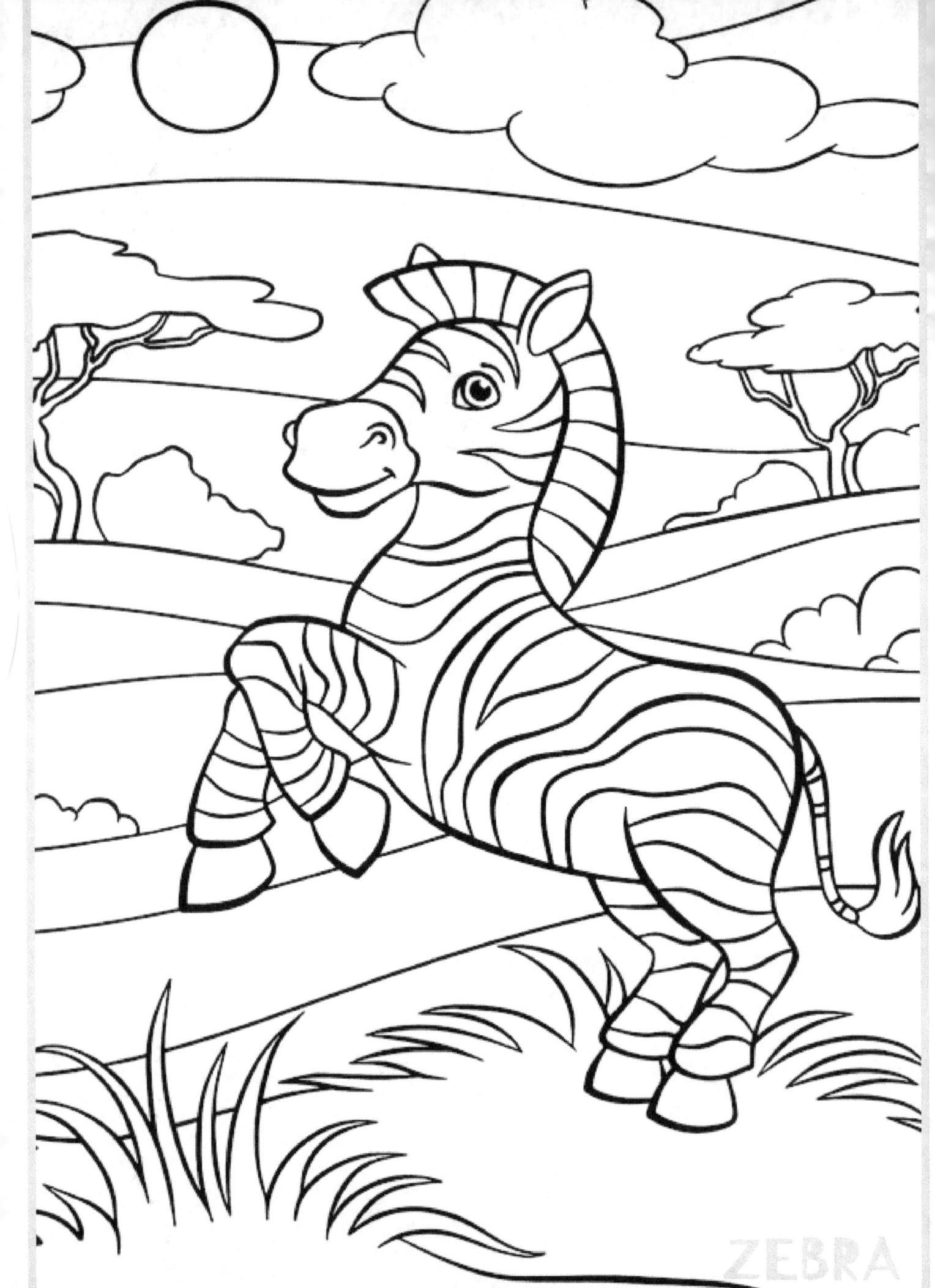

ZEBRA

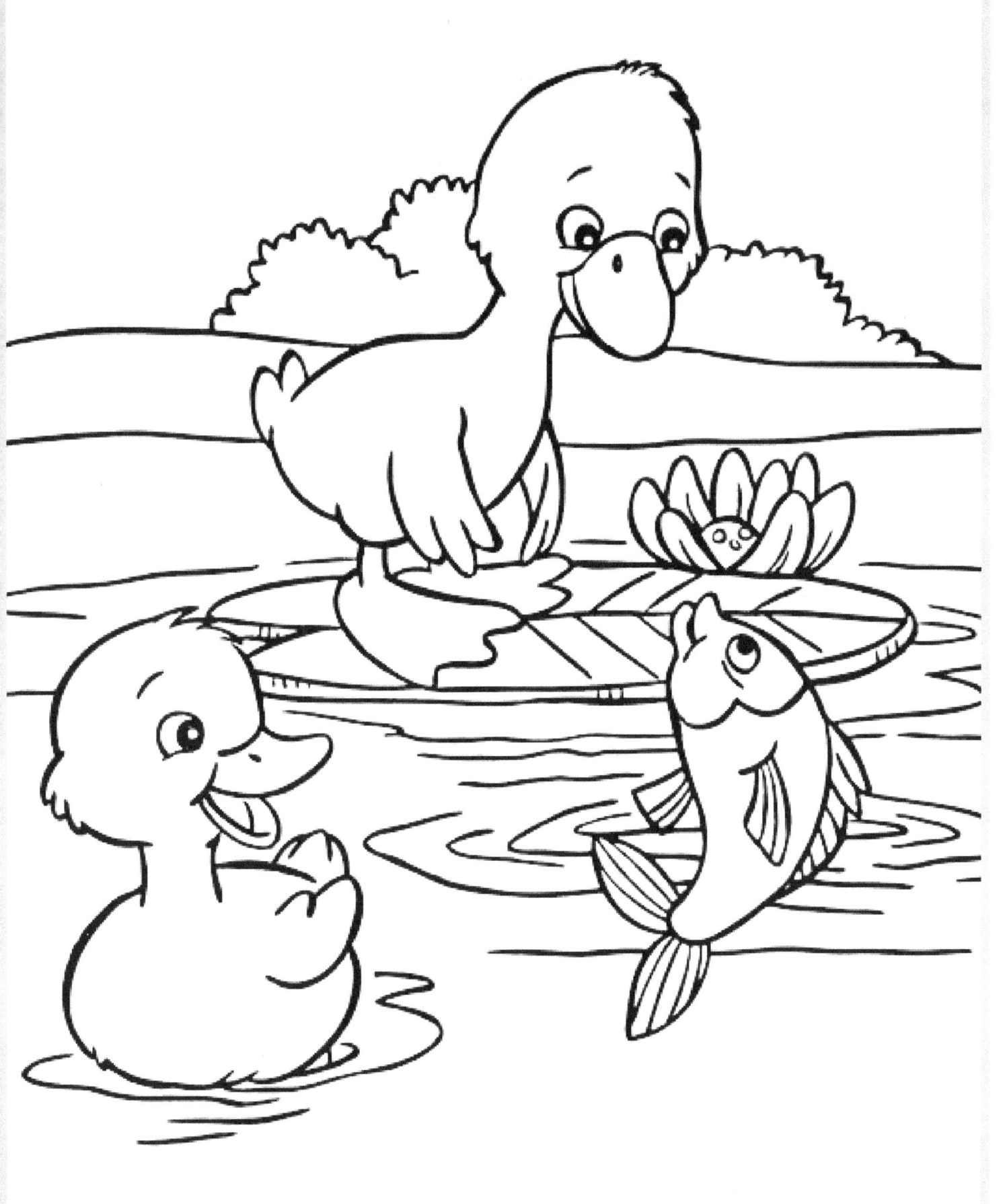

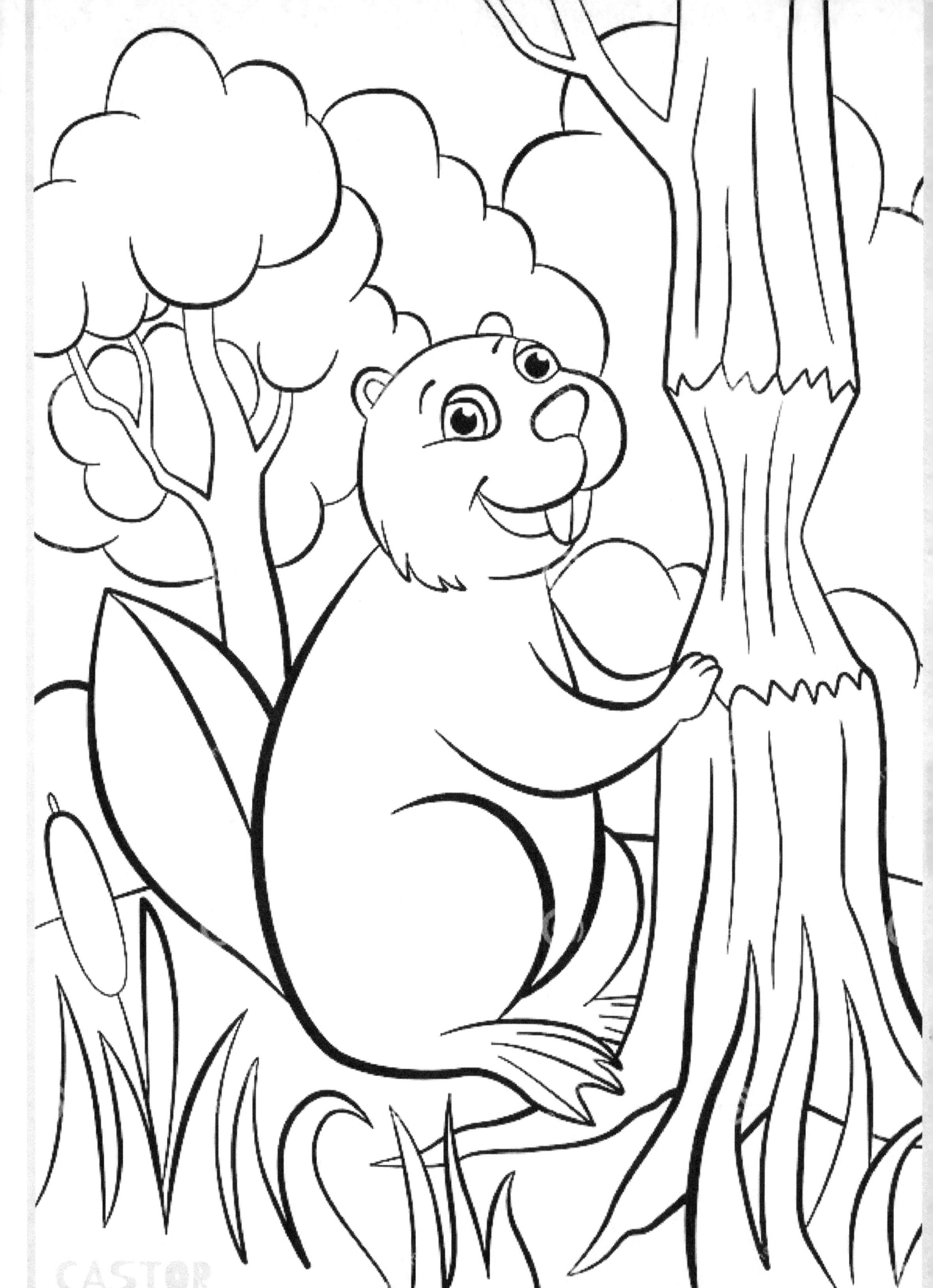

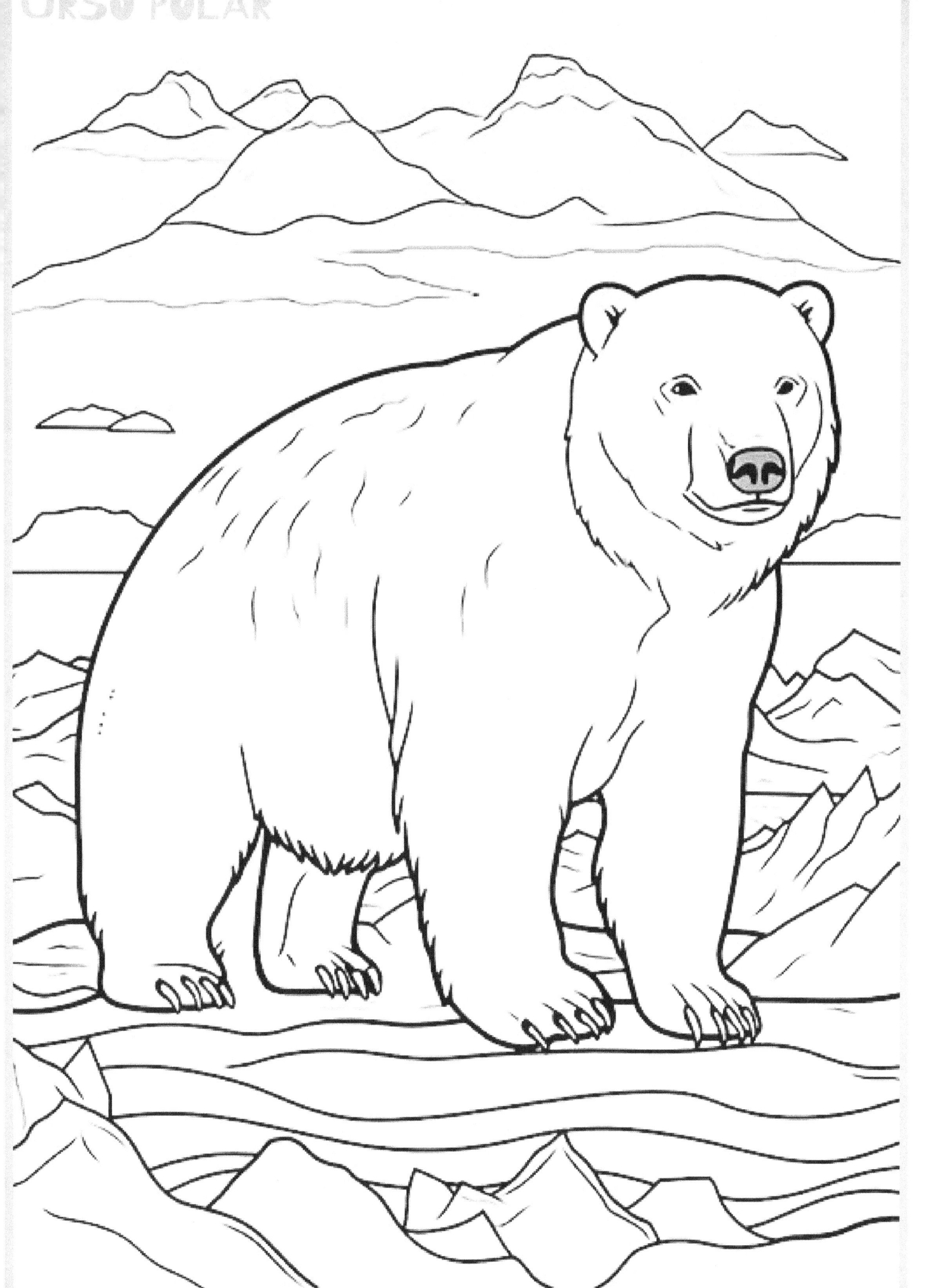

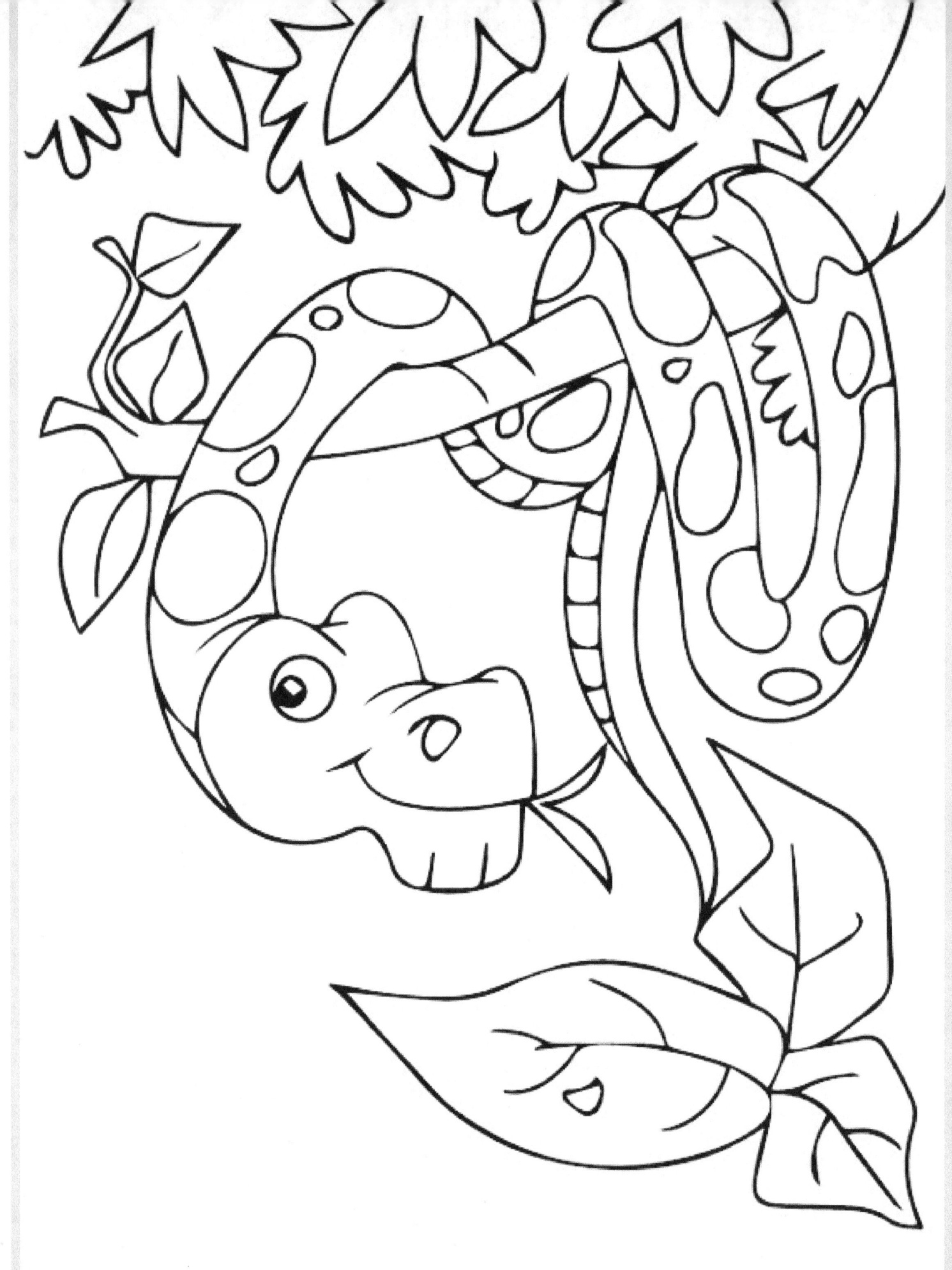

COBRA

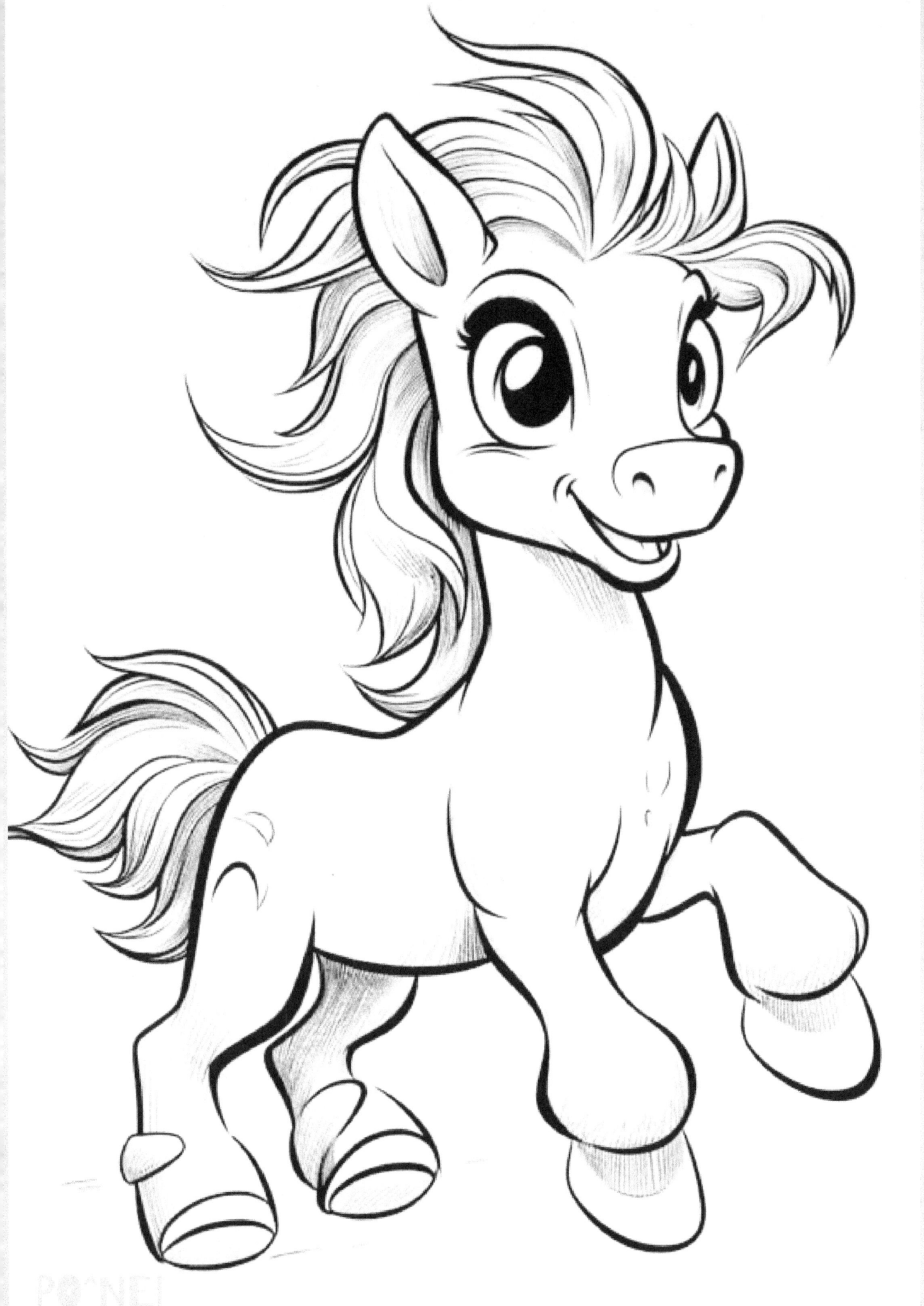

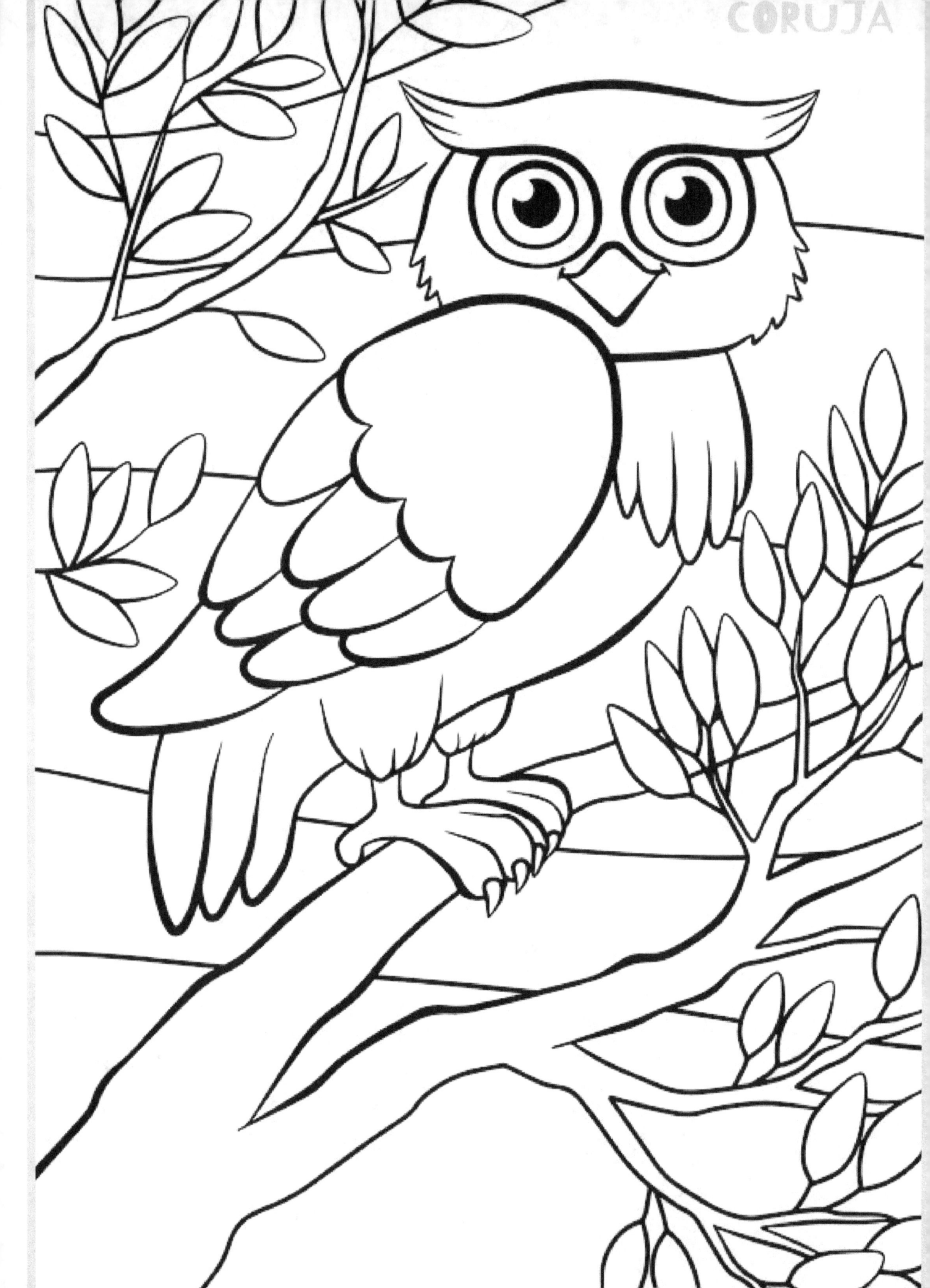

CORUJA

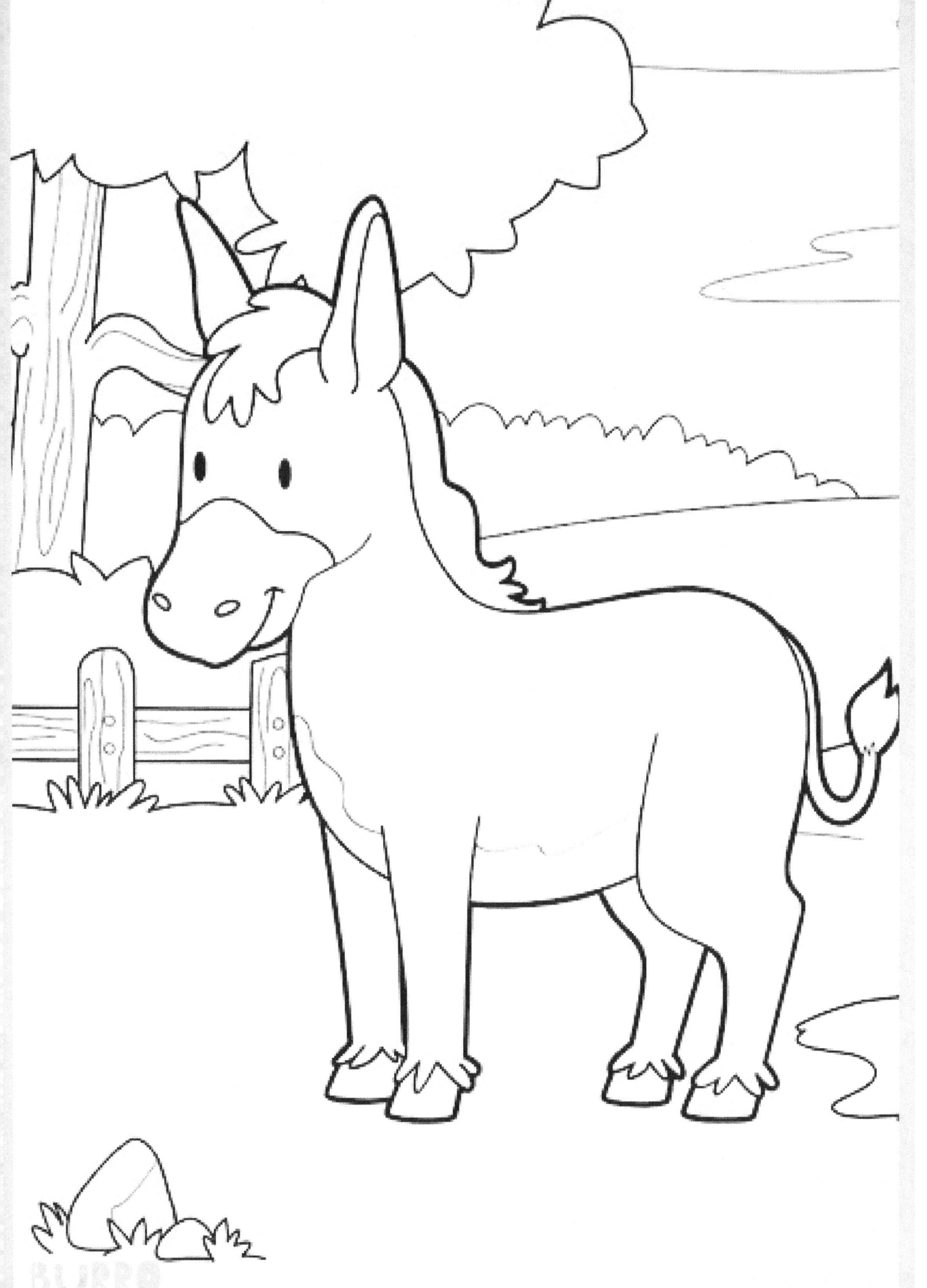

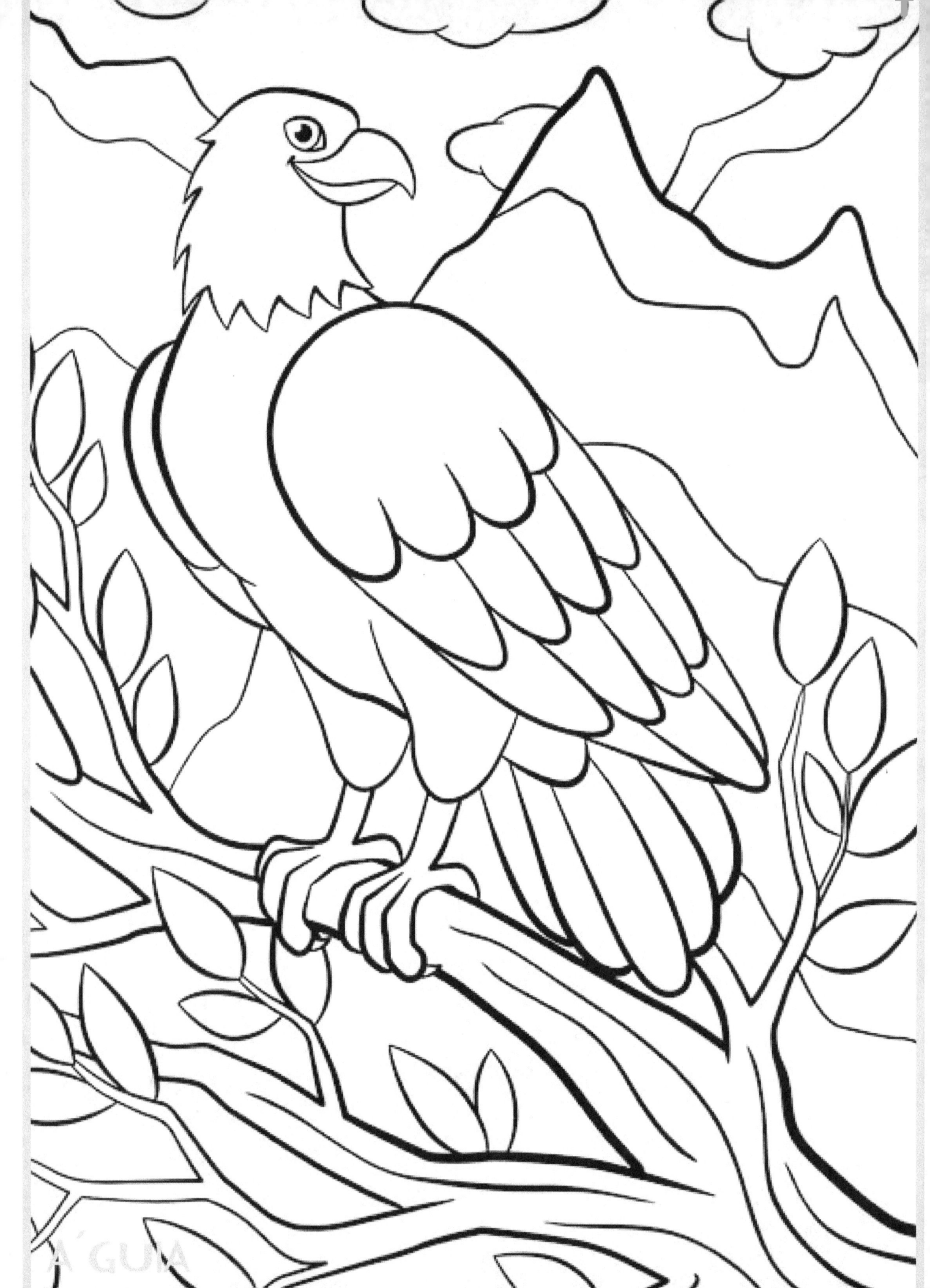

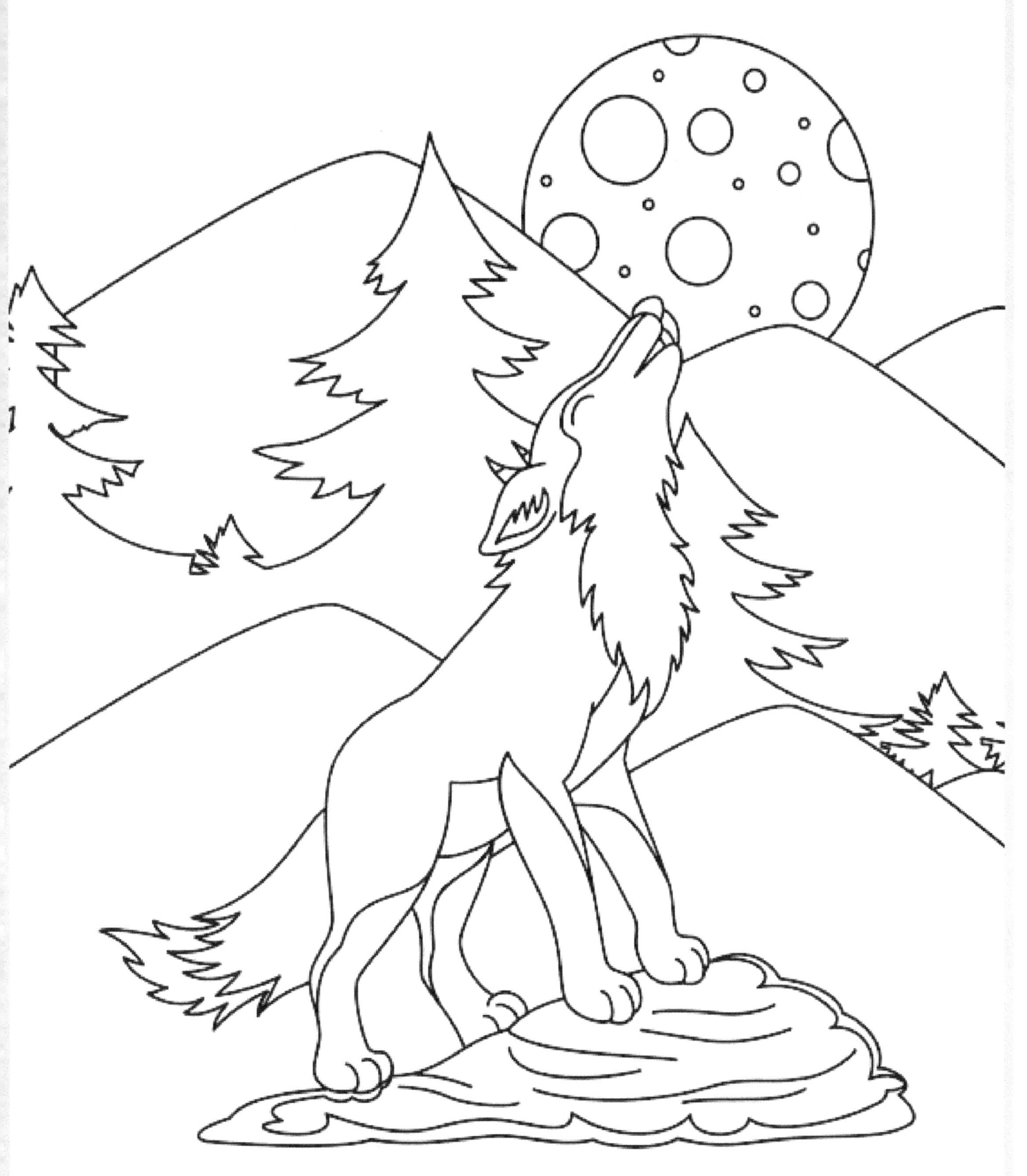

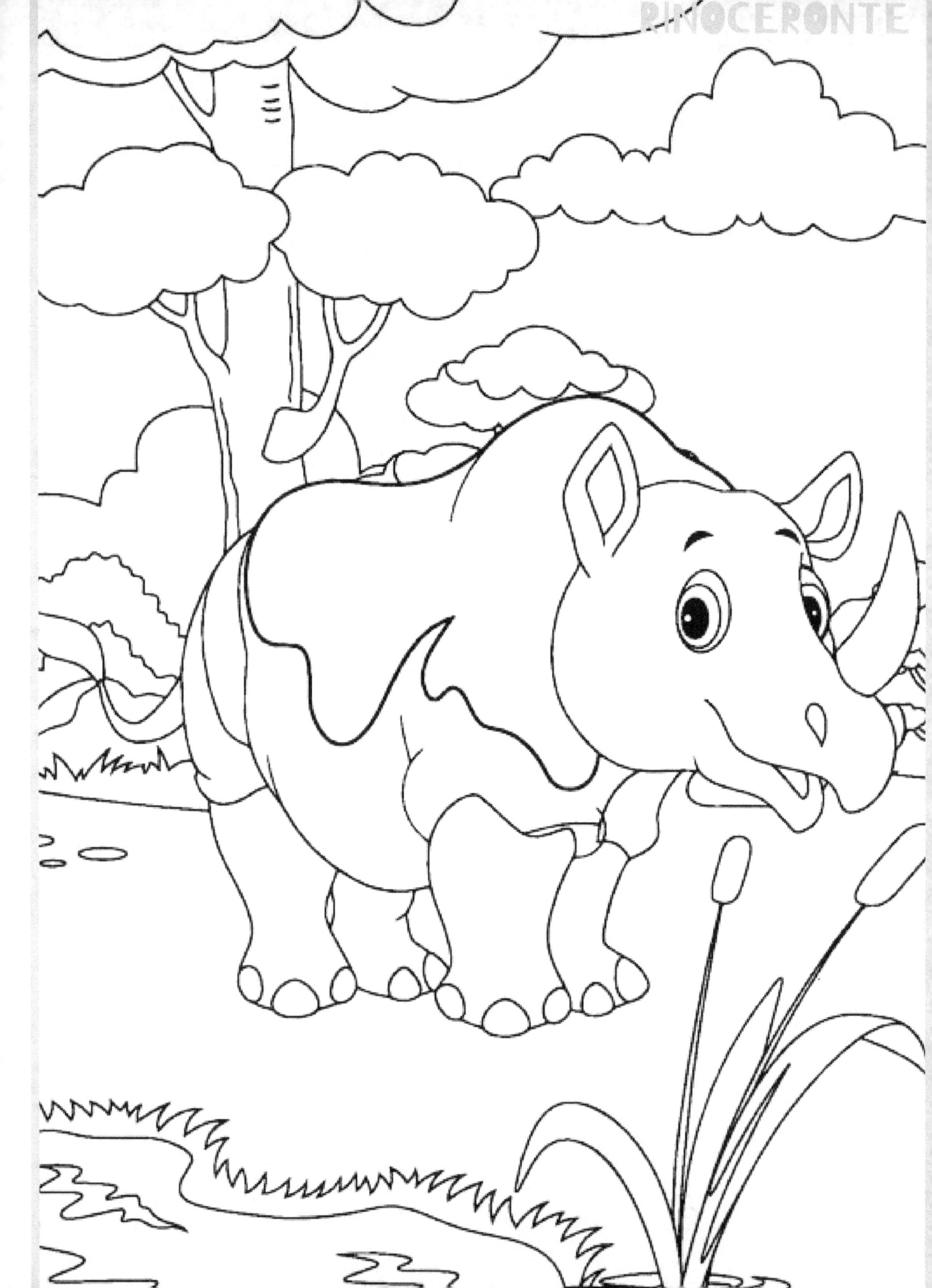

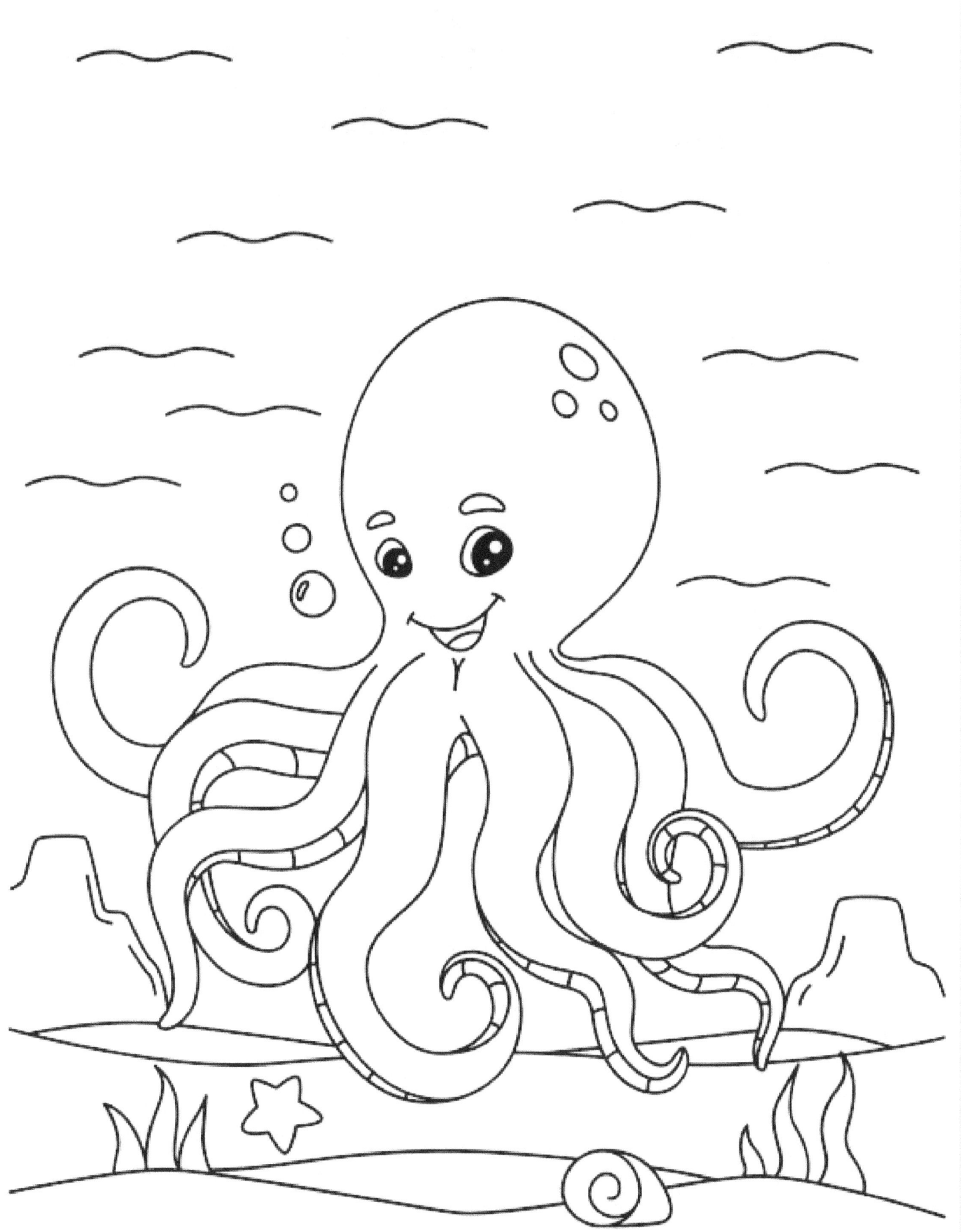

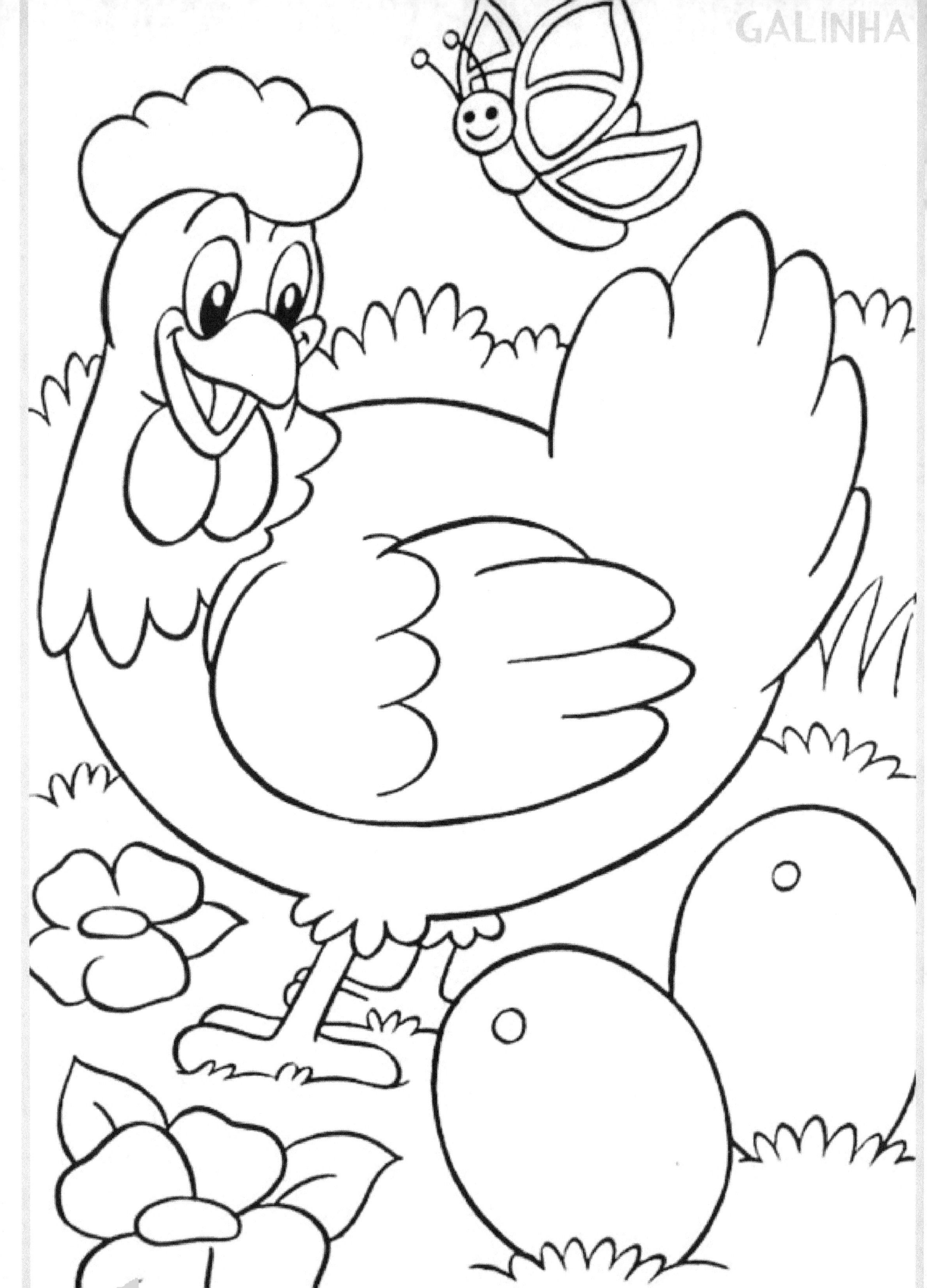

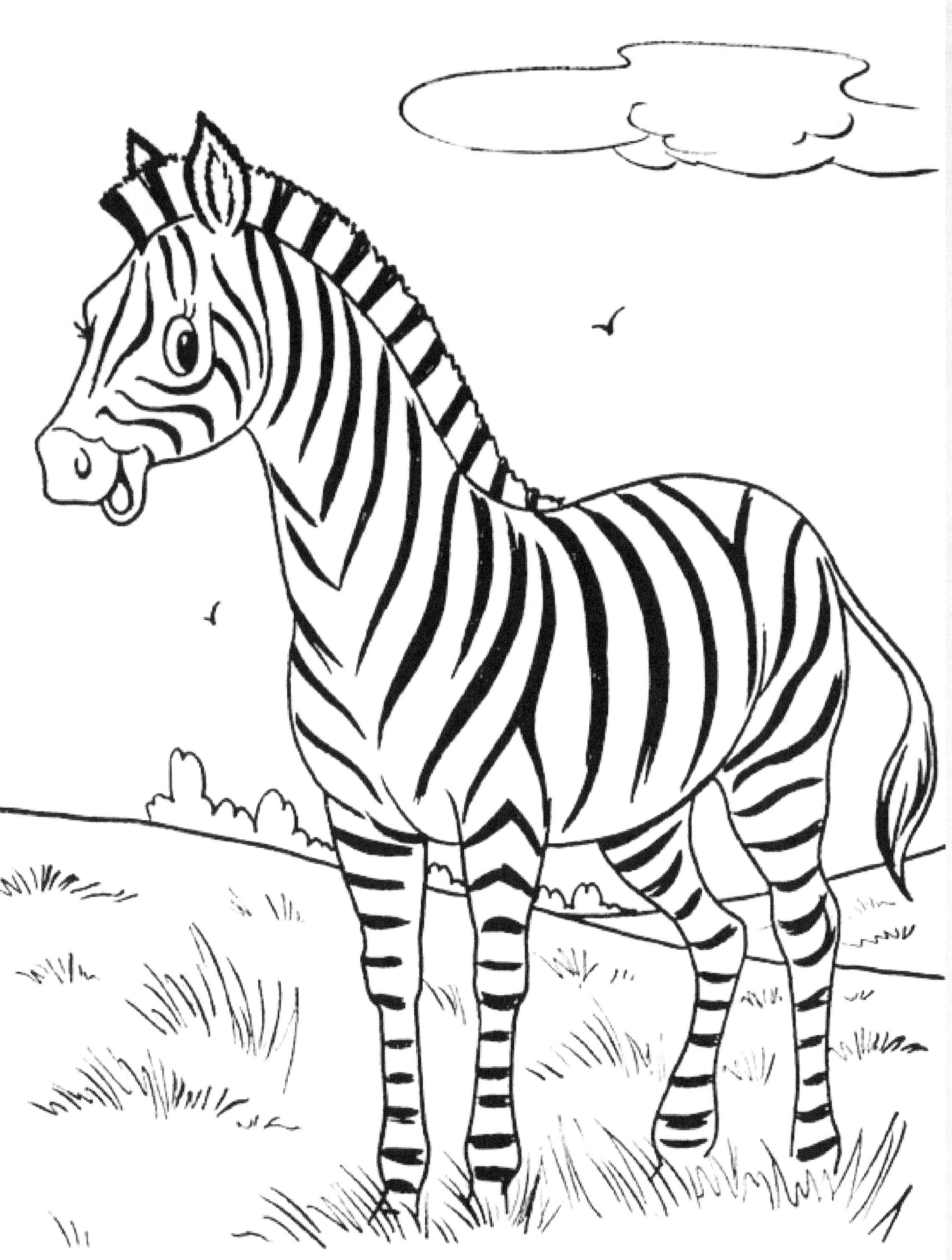

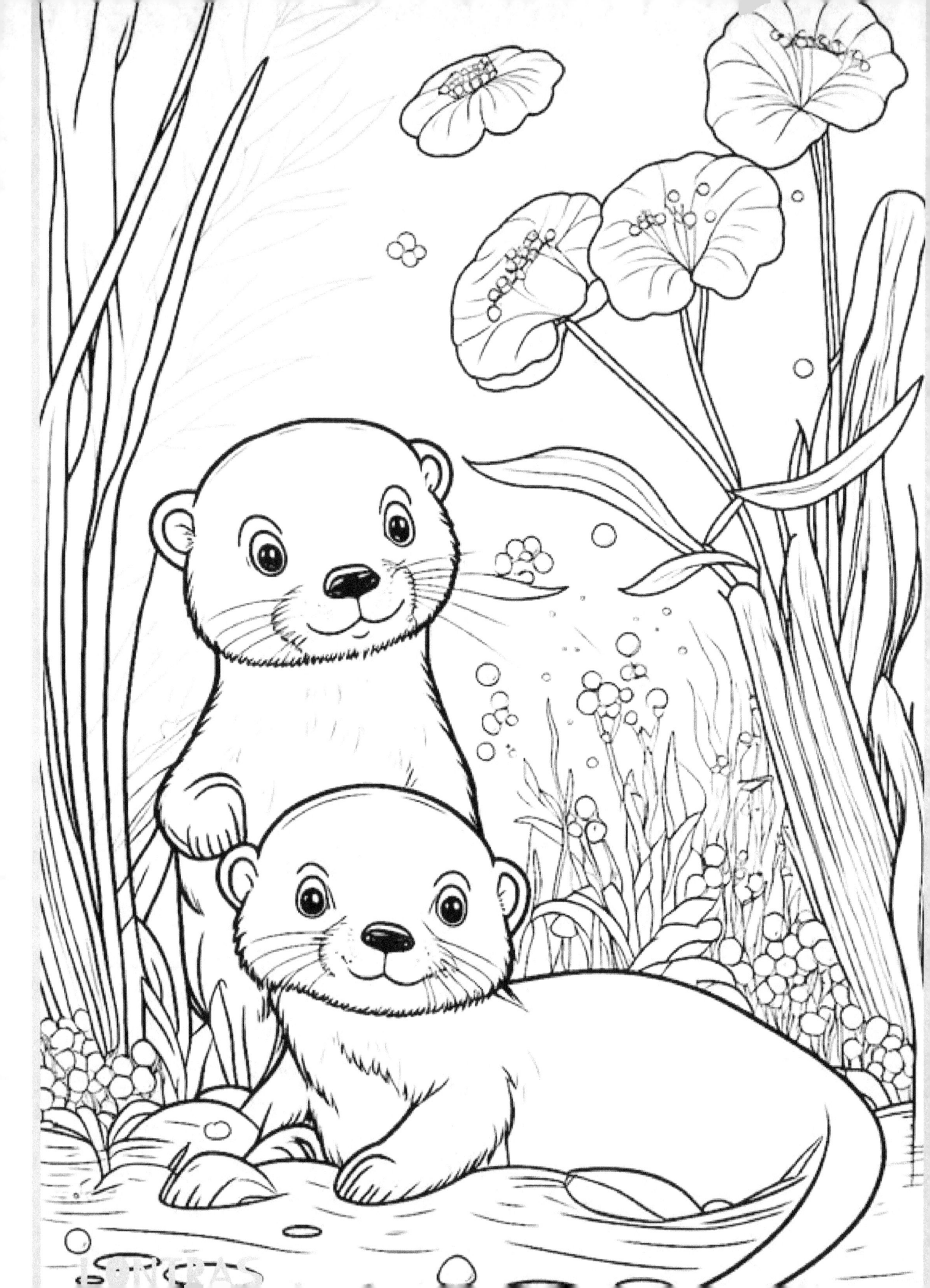

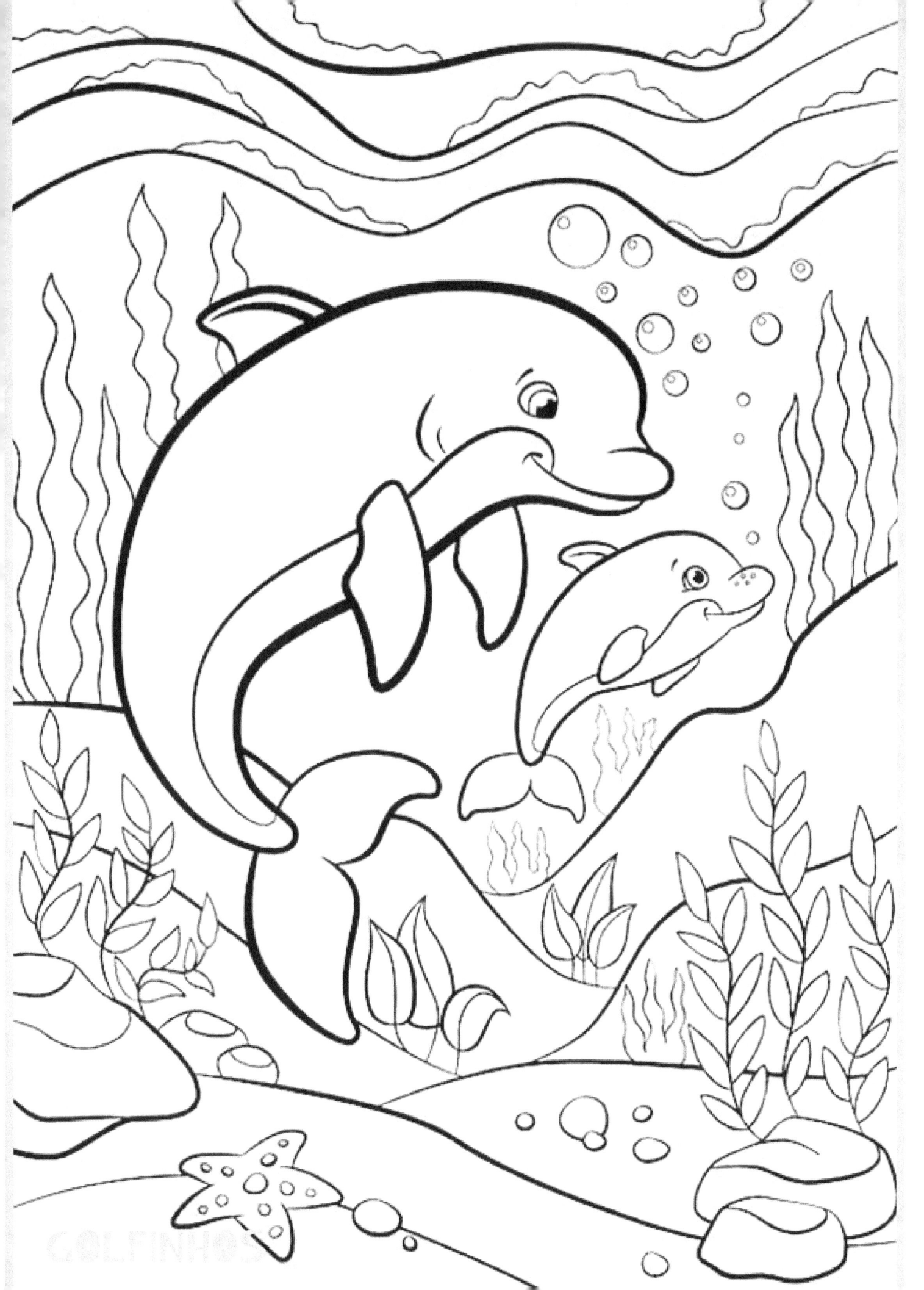

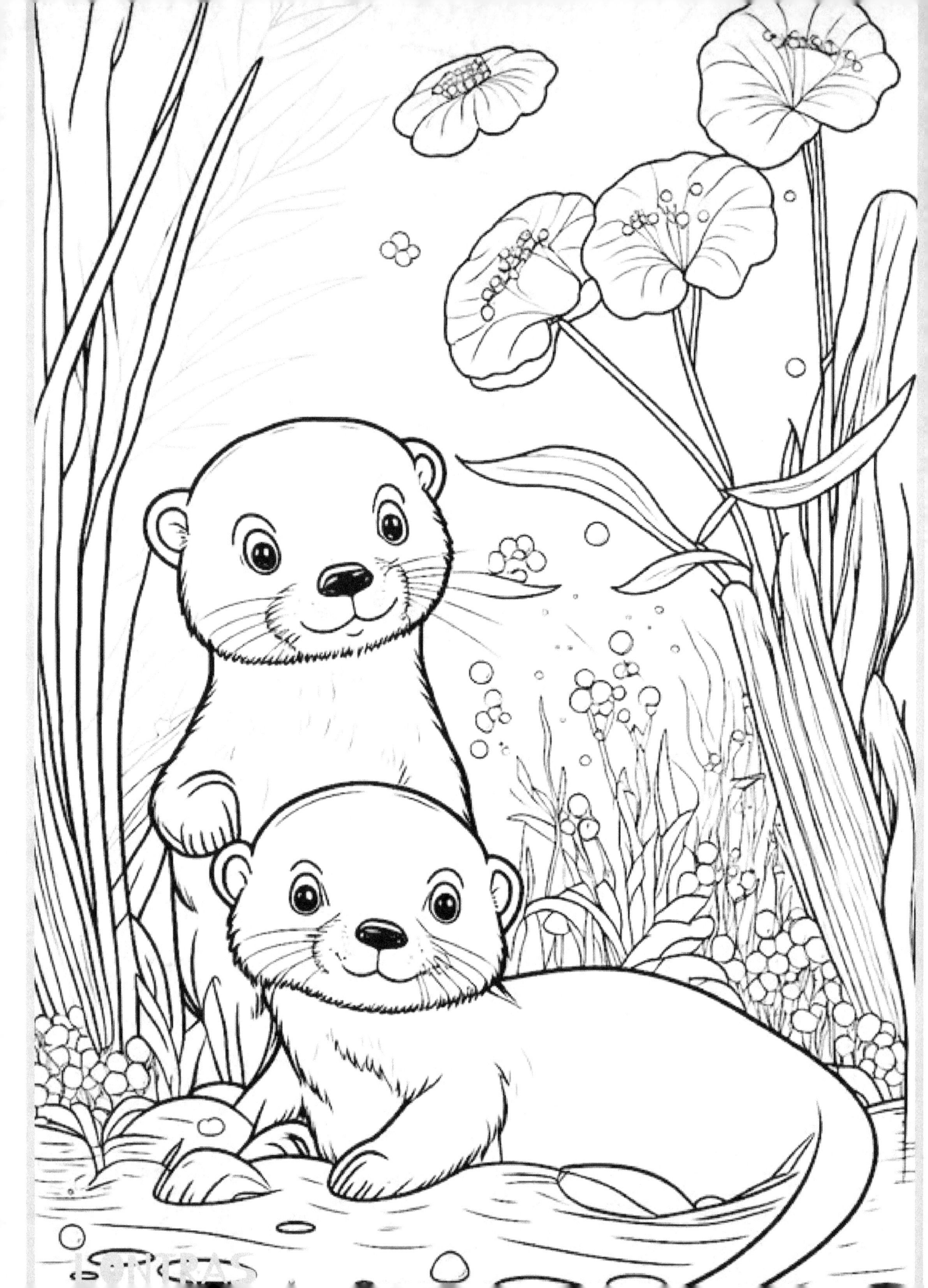

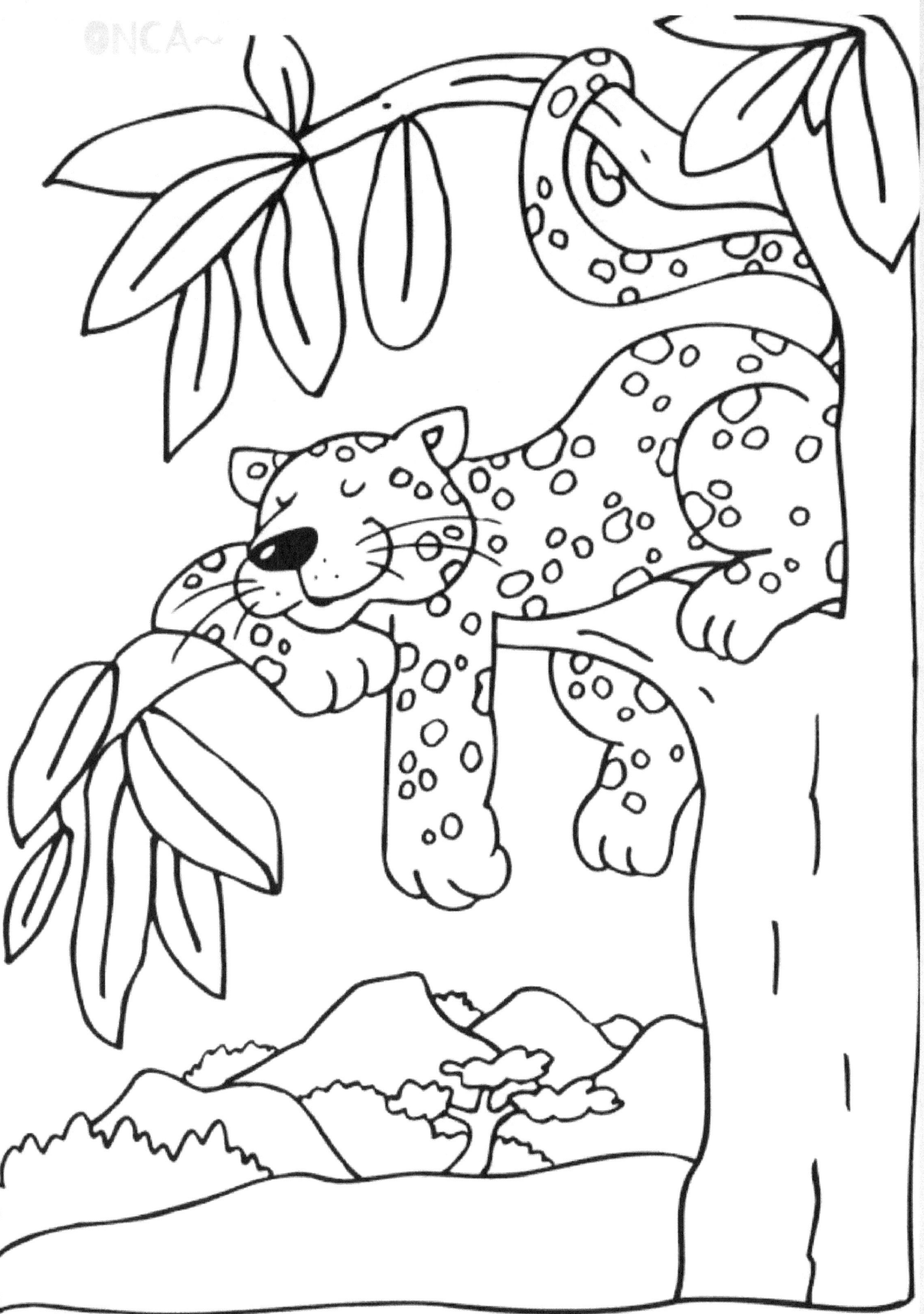

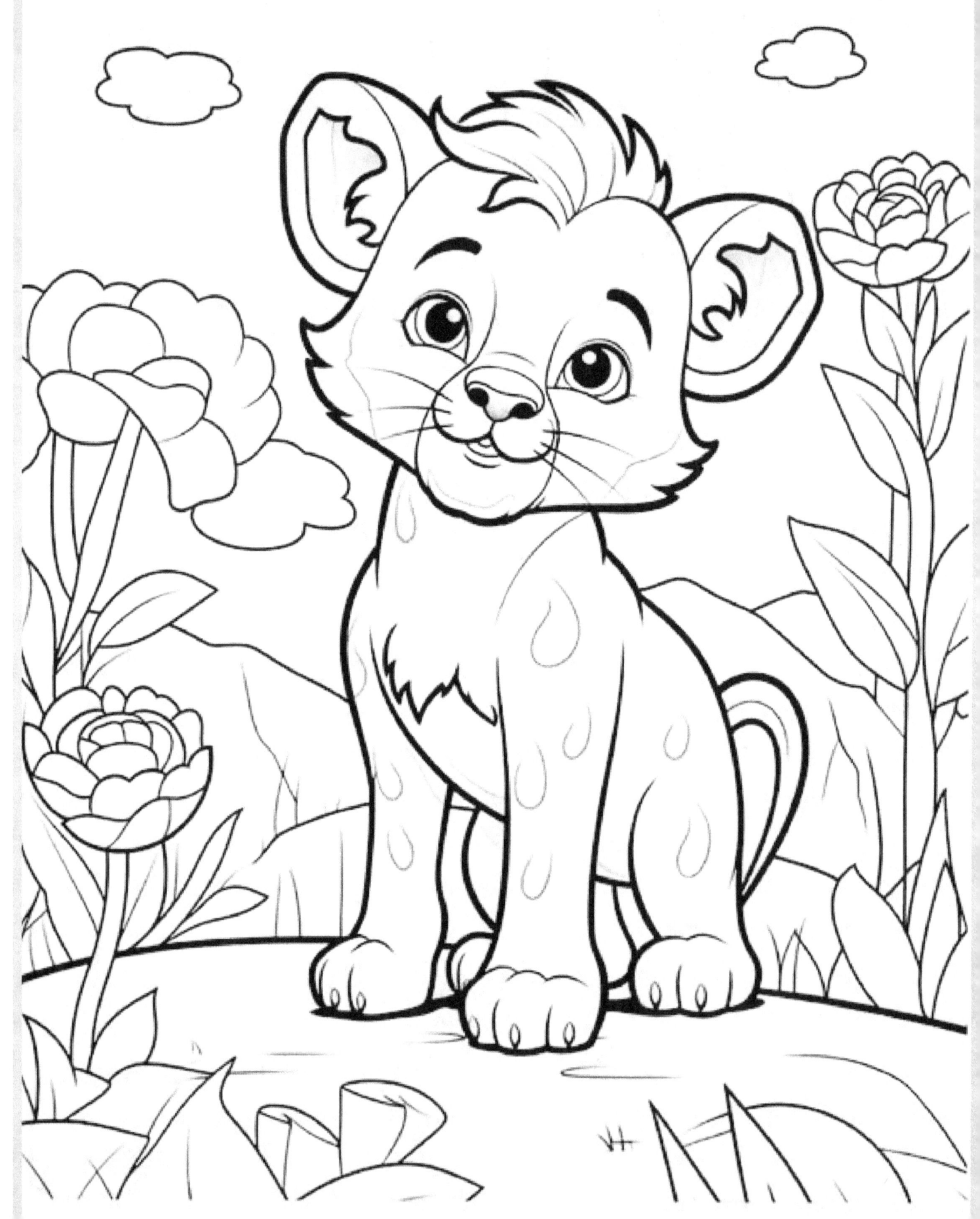

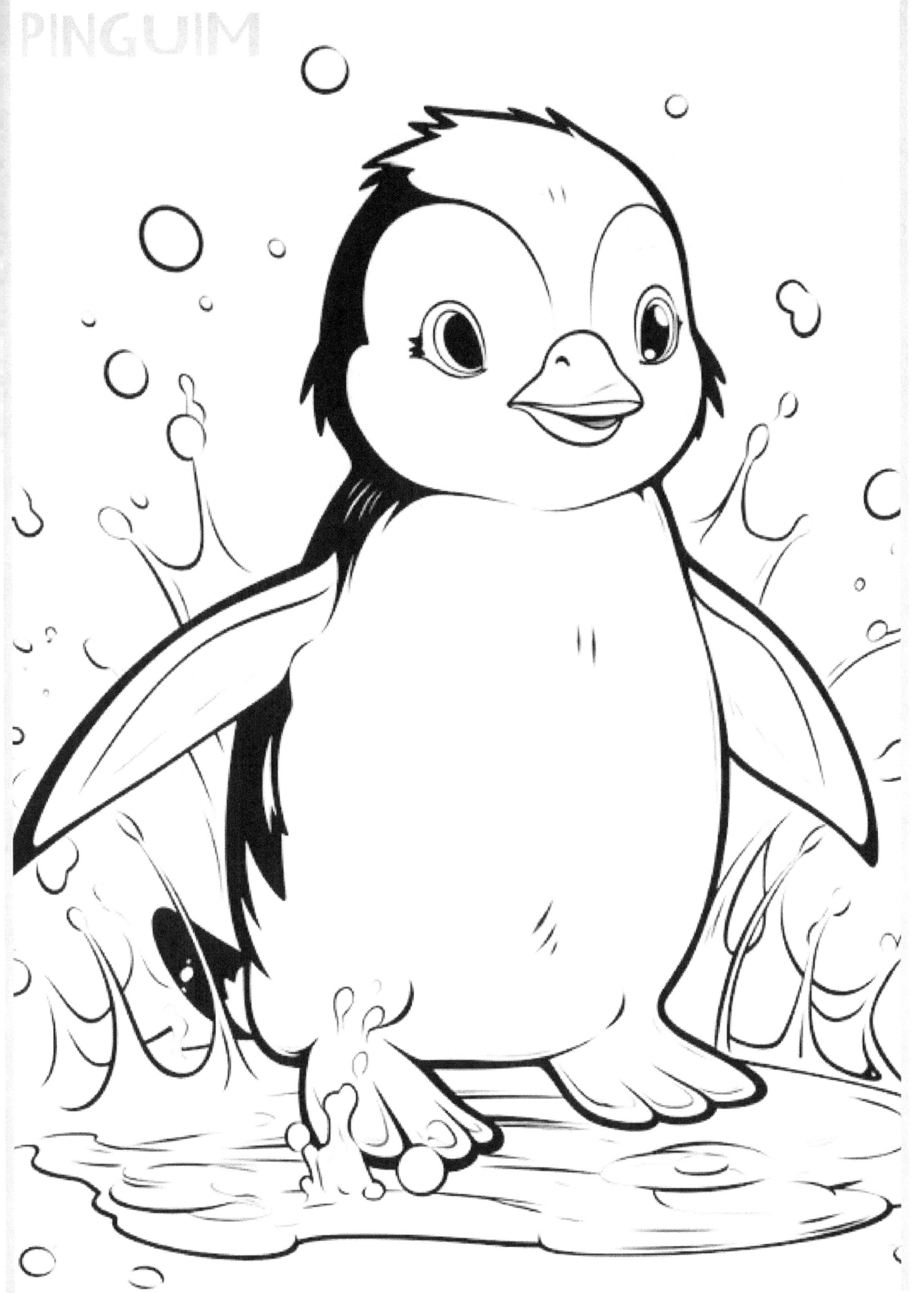

PINGUIM

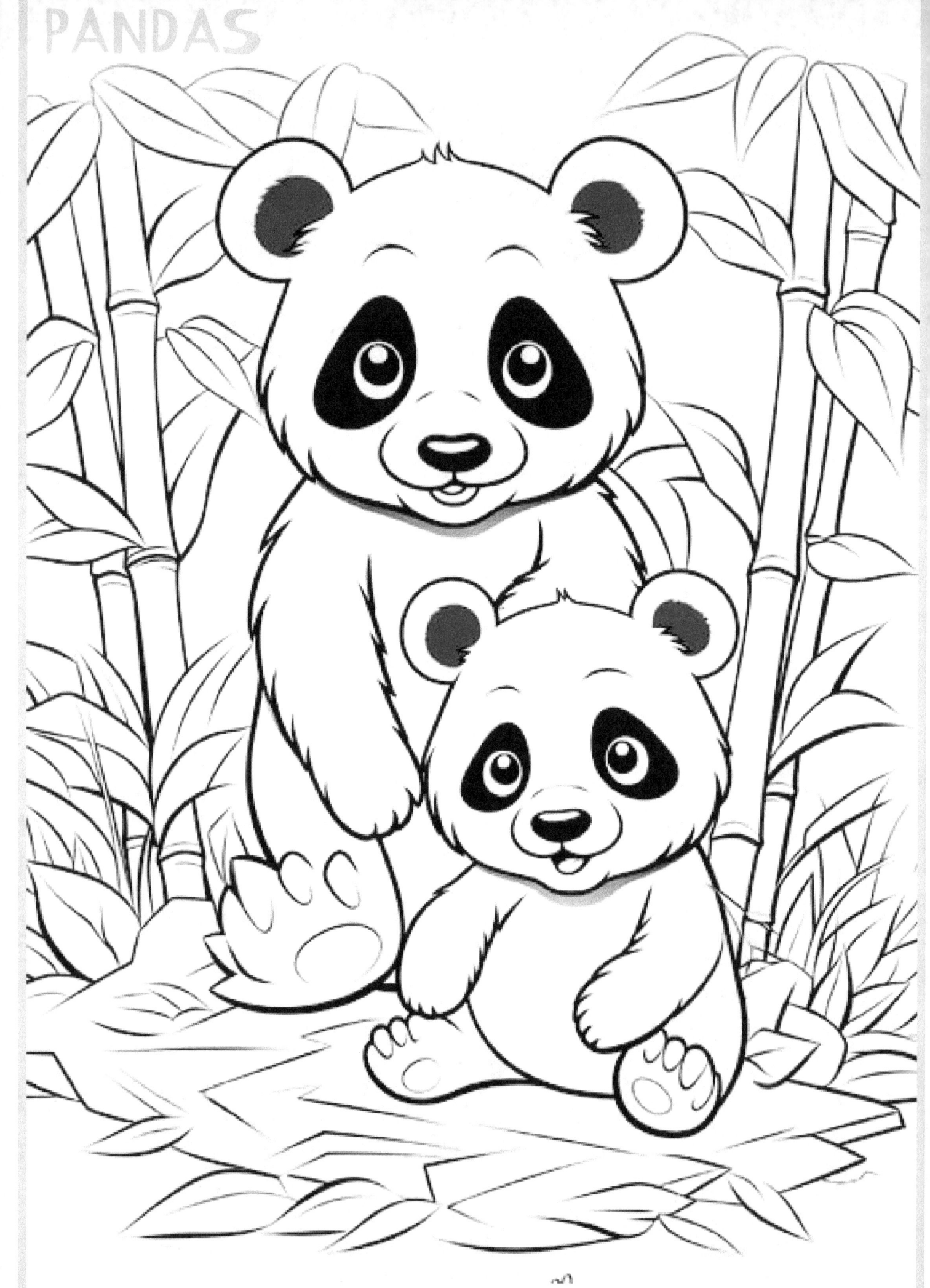

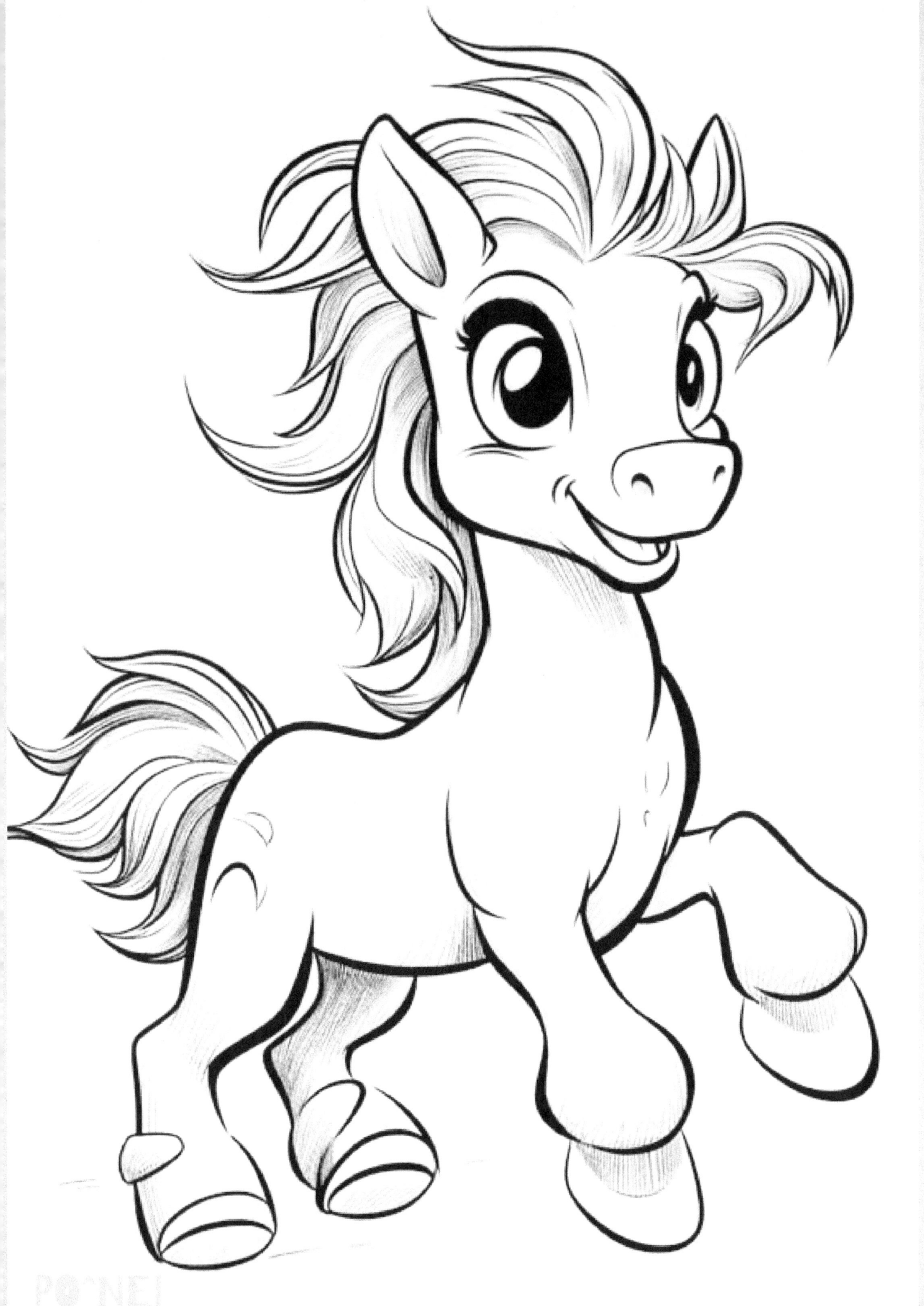

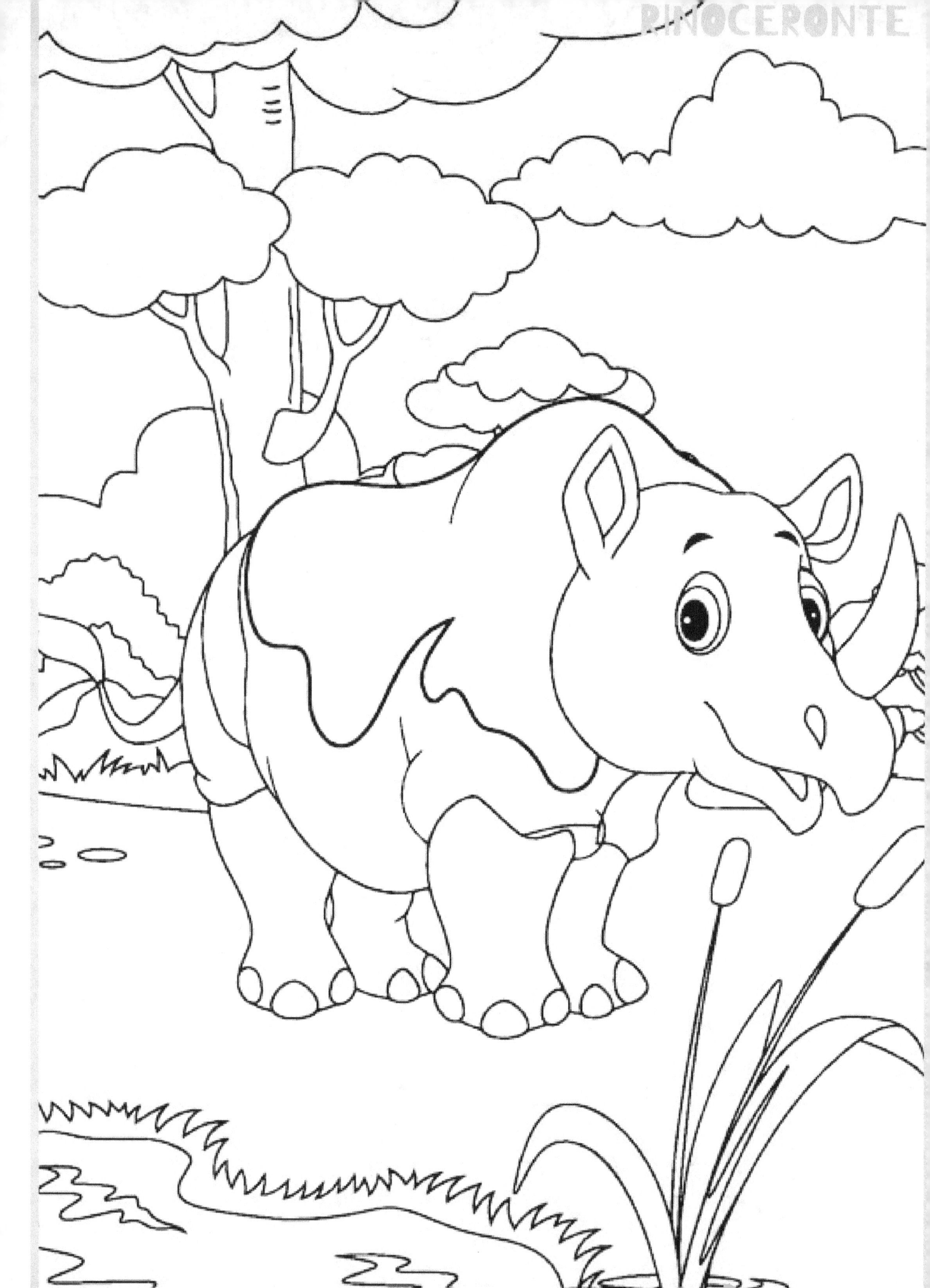

www.ingramcontent.com/pod-product-compliance
Lightning Source LLC
Chambersburg PA
CBHW080108010626
45794CB00015B/3321